# Hugo Wolf

# La isla

Traducción de Roberto Vivero

Ápeiron Ediciones

2025

# Hugo Wolf

# La isla

## Drama en cuatro actos

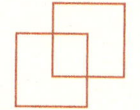

**MÁSCARAS**

1.ª edición, 2025

Hugo WOLF, *Die Insel*
Deutsch-Österreichischer Verlag, Wien und Leipzig, 1913

© De la traducción, introducción y edición, Roberto Vivero
© Ápeiron Ediciones

C/ Príncipe de Vergara, n.º 132, planta 9
28002  Madrid
Tfno.: (+34) 611 00 28 41
E-mail: info@apeironediciones.com
http://www.apeironediciones.com/

Diseño y maquetación: Ápeiron Ediciones
Imagen: Arnold Böcklin, *Die Toteninsel III* (1883). Fuente:
Wikimedia Commons

Papel procedente de fuentes responsables

ISBN: 979-13-990052-8-8
Depósito legal: M-10325-2025

*Nuestros actos son hijos*
*del humo: nacen del humo*
*rojo y sus nudos los ata*
*y los desata un frenesí.*

## Personajes

François, marqués de Grenier
Claire-Marie, su mujer
Henri Marlette
Felicen, conde de Clarence
Louis Saville, editor de un periódico
Branguin, un actor
Dr. Camille Rosny, médico de a bordo
Michette Carlin
El capitán
Philippe Collard, timonel
Sirvientes, marineros

# PRIMER ACTO

*Amplia zona de césped en una isla del archipiélago indio rodeada de exube-*
*rante vegetación: una salvaje mezcla de palmeras y otros árboles en flor, una*
*sucesión de colores chillones, un continuo cambio de pesadas e intensas fragan-*
*cias. Para los ojos de un europeo, el lugar es más un sueño que una realidad.*
*Al fondo, el suelo se hunde hacia el mar; el horizonte muestra el rojizo cielo*
*del ocaso.* A la derecha: *entre rocas cubiertas de musgo y de origen volcánico,*
*un sendero asciende por la montaña hacia el punto más elevado de la isla.* A
la izquierda: *el frente de una construcción de tipo campesino hecha de madera*
*oscura, cubierta de enredaderas y una pequeña terraza con escalones. Delante*
*de esta terraza se encuentra una mesita, sillas barnizadas de blanco y trenzadas*
*con paja y un caballete bajo una amplia sombrilla con dibujos rojos.*
*Dos marineros cavan en la tierra a lo largo de la pared de la casa. En los es-*
*calones de la terraza está sentado un* VIEJO MARINERO *con su pipa. Delante de*
*él está el segundo timonel* PHILIPPE COLLARD, *un hombre alto y robusto de 24*
*años. Su cara es tersa; los ojos, grandes e infantiles; la frente, casi sublime; la*
*boca, melancólica. En una mano tiene una pala sobre la que se apoya; en la*
*otra muestra un libro viejo y desvencijado.*

EL VIEJO MARINERO: ¿Qué es eso?

PHILIPPE: La Biblia.

EL VIEJO: Ah, por supuesto… Tu Biblia. *(Se ríe con sa-*
*tisfacción.)*

PHILIPPE: *(Lanzado la pala y, en su acaloramiento, gol-*
*peando con frecuencia el libro abierto.)* Y también está aquí:
murió por nosotros, sí, por nuestro mundo. Tomó sobre sí los
pecados de nuestro mundo. Pero, mira: no salen las cuentas,
porque entonces, cuando murió, había tales y cuales pecados

que tomó sobre sí, pero en todo el tiempo que ha transcurrido desde entonces han surgido nuevos pecados que no conocía, y para estos pecados alguien tiene que resucitar de nuevo y tomarlos sobre sí y morir, o, lo que es lo mismo, tiene que regresar. Eso está claro. Por lo tanto, ¿qué debemos hacer nosotros? ¿Esperar de brazos cruzados y escupir a la virtud en la cara? No: nosotros debemos preparar el regreso del Señor. ¡Debemos purificar nuestros corazones y hacer el bien allí donde podamos! Tenemos que redimirnos y redimir a los demás para aligerarle el trabajo. Esto está claro como el Sol.

El viejo: Muy bien, Philippe. Yo ya había pensado todo eso. Lo que dices no es nada nuevo. Y nuestro pastor en casa también ha dicho lo mismo. No es ninguna novedad.

Un marinero más joven: Me gustaría saber cómo sabremos que ha regresado.

El segundo joven marinero: ¡Qué pregunta tan absurda! No has entendido nada.

Philippe: No, no. Deja que pregunte. Si algo le preocupa, tiene que preguntar. Así que temes que no lo reconocerían. Así es: muchos no lo reconocerán. Solo unos pocos sabrán que ha vuelto a estar entre nosotros. Pero eso está bien, porque de lo contrario no habría nadie por quien él pudiese morir.

El joven: Me gustaría preguntar algo más. ¿Tardará mucho en volver?

El segundo: ¡Qué tontería!

Philippe: No se sabe. Cuando los pecados alcancen su punto máximo, regresará.

El joven: ¿Quién tiene más pecados, los ricos o los pobres?

PHILIPPE: Eso no se puede determinar con precisión porque no hay números que puedas escribir aquí y allá y luego sumarlos. En todo caso, es verdad que hay muchas cosas que hablan a nuestro favor.

EL JOVEN: A favor de los pobres, sí, a favor de los pobres.

EL OTRO: ¿Verdad? ¿Ahora lo entiendes? Todo está en contra de los ricos porque se comen nuestro pan y nos roban a nuestras mujeres y nos encierran en sus cárceles.

PHILIPPE: No, no, no es así. Debemos seguir doblando el lomo, conservar todo nuestro sufrimiento y cargar con el de los demás porque, de lo contrario, ¿cómo vamos a estar maduros para la redención?

EL VIEJO: Sí. Ya lo veis. Philippe Collard tiene razón. Pero ¿por qué miráis al cielo? ¿Qué pasa, no os vais a ocupar ahora mismo de vuestro trabajo? *(Señalando la Biblia.)* ¿Qué dice ahí sobre el hombre que no quiere trabajar? ¿No se le llama «hijo pródigo»? ¡El hijo perdido! ¡Prestad atención!

*(PHILIPPE guarda la Biblia en un bolsillo y sigue trabajando, caminando hacia atrás, con su pala.)*

EL JOVEN: ¿Dónde ha aprendido Philippe Collard a hablar de esa manera? A mí también me gustaría hablar así.

EL VIEJO: Lo que dice no es nada nuevo. Yo hace mucho tiempo que lo sé. Nuestro párroco decía lo mismo.

EL JOVEN: ¡Qué largos son los días aquí! *(Se seca el sudor de la frente.)*

EL SEGUNDO: Podríamos parar un poco…

EL VIEJO: *(Furioso.)* ¿Qué os pasa? ¿Para qué estáis en este mundo? *(Se levanta de un salto y al mismo tiempo hace una profunda reverencia hacia la casa de la que acaban de salir*

FRANÇOIS, MARQUÉS DE GRENIER, *y el* DOCTOR CAMILLE ROSNY. FRANÇOIS: *traje de lino blanco, zapatos blancos, gorra blanca; de unos 40 años, alto y delgado, con el frío y severo rostro del aristócrata. Su manera de hablar es lenta y circunspecta. A veces levanta las cejas y la frente cuando reflexiona o cuando está excitado.* DR. ROSNY: *unos cincuenta años, calvo y con barba; vestido con cierto descuido; va siempre con la cabeza descubierta; piensa que siempre tiene razón; es, por lo demás, un hombre bueno y cabal.)*

FRANÇOIS: *(Moviendo enfáticamente las manos.)* ¡Fuera! ¡Marchaos todos! ¡Tarde libre, viejo!

EL VIEJO: ¡Sí, señor marqués! *(A los otros.)* ¡Recoged vuestras cosas! *(A François.)* Pensé que el señor marqués se enfadaría al ver que aún no hemos terminado.

FRANÇOIS: No hay prisa. *(Señalando al doctor la zona cavada.)* Mire, aquí se plantará la nueva especie de judía que he descubierto. Y allí, al otro lado, un seto de rosas silvestres. No se verá ni rastro de la casa.

DR. ROSNY: Ya ha crecido todo muchísimo. *(Tocando las planas trepadoras.)* ¡Qué duro es esto! ¿Lo ha plantado usted?

FRANÇOIS: Sí. Hace cinco años. Ya sabe, durante mi primer gran viaje a este mágico país.

DR. ROSNY: ¡Cuánto siento no haber estado aquí por entonces!

FRANÇOIS: *(A los marineros que se marchan.)* ¿Quién está hoy de guardia?

PHILIPPE: *(Dando un paso al frente.)* La primera parte de la noche me toca a mí. Pero me gustaría hacer guardia durante toda la noche, con su permiso, señor marqués.

FRANÇOIS: Como quiera. *(Los marineros salen por la izquierda.)*

DR. ROSNY: *(Delante del cuadro en el caballete.)* Tiene que exponer este cuadro.

FRANÇOIS: No es un cuadro.

DR. ROSNY: ¿Cómo?

FRANÇOIS: Es un estado de ánimo.

DR. ROSNY: En mis tiempos, a todo lo que estaba sobre un lienzo se le llamaba 'cuadro'.

FRANÇOIS: En la actualidad ya no hay expresiones tan concretas como «cuadro»; algo que no tiene nombre, estilo ni carácter no es un cuadro. Puede aplicar lo mismo a los hombres. Nuestra joven generación evita todo lo que indique un nombre, un estilo o un carácter determinados.

DR. ROSNY: *(Asombrado.)* ¿De verdad? No me había dado cuenta. Piensa usted demasiado, señor marqués. Es completamente asombroso.

FRANÇOIS: No se lo tome al pie de la letra, doctor. En realidad no me creo lo que digo. Solo juego con las palabras.

DR. ROSNY: *(Lo mira desconcertado.)* ¿Dónde está la señora marquesa? ¿Ha subido hoy también a la montaña con los excursionistas?

FRANÇOIS: No. Solo la señorita Carlin.

DR. ROSNY: Ay, cada vez que me imagino los delicados pies de Michette ascendiendo por la montaña…

FRANÇOIS: *(Le dirige una extraña mirada.)* No sé dónde está mi mujer en estos momentos.

DR. ROSNY: ¿Quizá no se lleva bien con la señorita Carlin?

FRANÇOIS: *(Sorprendido.)* ¿Por qué dice usted que...?

DR. ROSNY: Creo haber observado que últimamente la señora marquesa evita más que nunca la compañía de Michette, que, para decirlo de alguna manera, la esquiva.

FRANÇOIS: ¿Eso ha observado? Bueno, a usted le gusta la señorita Carlin, pero otra cosa son los caprichos de las mujeres: el estado de ánimo de una mujer cambia cada día.

DR. ROSNY: ¿No hay otros motivos?

FRANÇOIS: *(Casi asustado.)* ¿Otros motivos? ¿En qué está pensando, doctor?

DR. ROSNY: Hay entre ellas cierta discrepancia, de tipo cultural, que no se puede superar ni haciendo caso omiso de todos los prejuicios porque está en la sangre.

FRANÇOIS: *(Aliviado.)* ¿Eso cree? *(De repente, otra vez molesto.)* ¿Qué significa esa «discrepancia cultural»? En la actualidad solo hay *una* cultura: la americana. Quien así no lo reconoce, pertenece al museo... entre las antigüedades. Me cuesta entender cómo usted... *(Dominándose.)* Bueno, puedo entender perfectamente que usted se ponga del lado de la señorita Carlin. Aquí todo gira alrededor de la señorita Carlin porque es una persona encantadora, incluso coqueta, se podría decir.

DR. ROSNY: Señor marqués, para ponerme del lado de Michette no tengo ni más ni menos motivos que para hacerlo con cualquier otro.

FRANÇOIS: ¿Por qué habla, entonces, de «discrepancia cultural»? Mi mujer está a la misma altura y posee la misma profundidad que Michette.

DR. ROSNY: ¡Pero la sangre...! Mire: su familia, por ejemplo, llega, si no me equivoco, hasta el siglo XIV. Está, de hecho, emparentado con los Orleáns, ¿no es así? Eso no se puede eliminar de la sangre, se hereda, es la sangre misma.

FRANÇOIS: Pero, doctor, ya no vivimos en una época en la que como clase nos cerramos contra los demás, ya no encontramos placer en meter a los campesinos en un establo como si fuesen animales, en criadas complacientes o en recaudadores de impuestos que dejan sin dinero al pacífico ciudadano. Hoy estas hermosas cosas han desaparecido; nos nivelamos, nos mezclamos.

DR. ROSNY: *(Distraído.)* Mire allí... Un loro. Uno ve estos pájaros y piensa que no pueden ser, porque lo propio de un loro es una jaula con su percha dorada y balanceante.

FRANÇOIS: Sí, doctor. Aquí se pueden aprender muchas cosas con las que una cabeza europea ni siquiera sueña. Aquí pueden producirse cambios radicales en el espíritu.

DR. ROSNY: *(Se sienta en los escalones de la terraza.)* Uno aprende a prescindir de su restaurante.

FRANÇOIS: ¡Pobre doctor! Por suerte aún no hemos llegado al pan duro.

DR. ROSNY: Sería mi muerte.

FRANÇOIS: Tome como ejemplo a mi mujer. ¿Acaso en este par de semanas no se ha recuperado de su nervioso e indefinible sufrimiento? Y la receta es solo mía: aire marino, soledad...

DR. ROSNY: Y, por lo tanto, hay esperanzas de que después del excelente éxito de esta cura nuestro velero siga su viaje a casa.

FRANÇOIS: En absoluto, querido doctor. ¡Eso no es suficiente! Nos quedaremos una o dos semanas más.

DR. ROSNY: ¡Vaya! Mis pies echan de menos el asfalto.

FRANÇOIS: Me temo que mi herbario aún no está completo.

DR. ROSNY: ¿Dos semanas? ¿Y después?

FRANÇOIS: Bombay, Adén, Alejandría, Marsella.

DR. ROSNY: ¡Gracias a Dios! Desde ahí ya solo hay cinco minutos más hasta París.

FRANÇOIS: Un pequeño error de cálculo.

DR. ROSNY: Aquí he adquirido una nueva manera de contar el tiempo, ¿sabe usted? La cronología insular.

FRANÇOIS: *(Riendo.)* ¡Ah, claro! ¿Pero cómo es posible que se aburra, doctor? Yo estoy todo el día ocupado, satisfecho y feliz. Este bendito lugar posee un impagable poder curativo para nuestros nervios hipersensibles. Aumenta la energía; la fe, el valor, todo se inflama en un fuego interior. Sí, créame: me siento como si hubiese regresado a la posición original de la cultura.

DR. ROSNY: *(Le ofrece una caja de cigarrillos.)* ¿Quiere?

FRANÇOIS: *(Cogiendo uno.)* Gracias.

DR. ROSNY: Pero esto no lo había en la «posición original de la cultura».

FRANÇOIS: Toma las cosas demasiado desde su lado exterior. Por lo demás, todo lo que he expresado de manera tan grandilocuente es más o menos una ensoñación. ¿Aún no ha soñado, por ejemplo, con que sería muy útil crear en esta isla una colonia de hombres selectos? A partir de aquí podría surgir algún día la regeneración de la envejecida Europa. En lugar de las actuales formas estatales, sería un Estado sin Derecho y sin Gobierno… El hombre por sí mismo sería completa y libremente responsable de sus actos… El sentimiento del amor se alzaría sobre nuevos principios… Imagíneselo.

DR. ROSNY: No puedo. No quiero. ¡El mundo me gusta mucho, y no menos París, tal y como es!

FRANÇOIS: *(Vehemente.)* Yo odio París.

DR. ROSNY: Imposible.

FRANÇOIS: ¿En qué radica ese fabuloso encanto de París? ¿Son las mujeres, que se abalanzan de uno a otro abrazo? Puedo tenerlas a todas, y por eso no le doy importancia a ninguna. ¿O es la riqueza y el lujo? Solo para los pobres el dinero tiene valor; yo no puedo valorarlo. ¿O lo que gusta es el placentero modo de vida? Yo doy gracias por un modo de vida según el cual debo morir de hambre si hoy o mañana a cien mil de trabajadores se les ocurre hacer una huelga. París… París puede arruinarte como una mujer hermosa.

DR. ROSNY: No voy a contradecirle, señor marqués… por pura cortesía.

FRANÇOIS: *(Cogiendo el cuadro del caballete.)* Odio París.

DR. ROSNY: Y aún así se invita a Michette Carlin a participar en nuestro viaje de placer, ¿no?

FRANÇOIS: *(Sonriendo.)* Doctor, está usted tramando intrigas.

Dr. Rosny: ¿Yo? ¿Tan aguda es mi vista?

*(FRANÇOIS lleva el cuadro al interior de la casa. El DR. ROSNY lo sigue con la mirada. En ese instante, entra súbitamente por la derecha HENRI MARLETTE, sin aliento, con la cabeza descubierta y con una voluminosa caja de botánica bajo el brazo. Tiene 18*

*años, pero parece mayor. A menudo muestra en sus movimientos un irrefrenable atolondramiento. A veces habla muy rápido para, a continuación, tartamudear un poco.)*

HENRI: ¡Buenas tardes! ¡Por favor, por favor, mire a ver si me sigue alguien! *(FRANÇOIS regresa a la terraza.)*

FRANÇOIS: *(Bajando los escalones.)* ¿Qué pasa, Henri?

DR. ROSNY: *(Poniéndose de pie.)* Dice que alguien viene tras él.

FRANÇOIS: ¿Quién puede ser? *(Mira hacia la derecha y se dirige a Henri.)* No viene nadie.

HENRI: *(Sentándose.)* Estoy muy cansado.

FRANÇOIS: ¿Quién dices que viene?

HENRI: Creí... Al pasar junto al árbol del pan... Ya sabe, el árbol solitario en medio de un claro de la maleza... Creí que había alguien detrás del tronco, un salvaje.

FRANÇOIS: Aquí no hay salvajes, Henri.

HENRI: Pero yo creí que había uno detrás del árbol. Estoy muy cansado.

FRANÇOIS: No tendrías que haber corrido.

HENRI: He corrido desde el árbol del pan hasta aquí.

DR. ROSNY: Eso no ha estado nada bien. Ahora volverá a sufrir palpitaciones.

FRANÇOIS: *(Alarmado.)* ¿Cuándo las ha padecido?

DR. ROSNY: Me lo contó antes de ayer y yo le dije que debía evitar todo esfuerzo.

FRANÇOIS: ¡Esto es increíble, Henri! Doctor, por favor, examínele el corazón.

HENRI: No me pasa nada. No noto nada en el corazón.

FRANÇOIS: Doctor, compruebe que su corazón palpita con normalidad.

DR. ROSNY: *(Auscultando a Henri.)* Está bien. Pero en el futuro…

FRANÇOIS: Por supuesto. No eres un gigante. Estás creciendo y tienes que cuidar tus fuerzas. ¿Lo entiendes, Henri?

DR. ROSNY: Absolutamente.

FRANÇOIS: Tengo que devolverte a tu madre sano y salvo.

HENRI: *(Suspirando.)* Ah…

DR. ROSNY: *(Le da una palmada en el hombro.)* Pero no baje usted la cabeza. Va de un extremo al otro…

FRANÇOIS: ¿Tienes algo nuevo en tu caja?

HENRI: *(Alegre.)* Sí. Y, de hecho, una rareza.

FRANÇOIS: ¿La flor que estoy buscando?

HENRI: No. Pero, con todo, una rareza.

FRANÇOIS: ¿Podemos verla?

HENRI: Aún no. Antes quiero prensarlo todo, clasificarlo y pegarlo.

FRANÇOIS: *(Al Dr. Rosny.)* Ya lo ve, doctor, tiene un enorme interés por las plantas.

HENRI: Sí. Por ahora *solo* por las plantas.

FRANÇOIS: Algún día será un gran investigador, un auténtico pionero.

HENRI: No. Para eso se necesita dinero, y como no lo tengo, debo ganarlo. Y cuando hay que salir a ganar dinero, no se puede investigar.

FRANÇOIS: Ya sabes, Henri, que *yo* estaré ahí mientras estés estudiando, y más tarde ya veremos. ¿Verdad, doctor, que tiene que convertirse en un famoso investigador?

HENRI: *(Enfadado.)* No puedo seguir viviendo de usted. Necesito una colocación con la que pueda ganar lo suficiente para mantenernos a mi madre y a mí. Ya he tomado una decisión, señor marqués... Lo que escucha, doctor... Y cuando tomo una decisión, no hay marcha atrás. Soy coherente. Sí. Y he decidido ser diseñador, diseñador técnico. Según me han dicho, hoy en día es el único trabajo que tiene futuro.

FRANÇOIS: *(Sonriendo con burlona superioridad.)* ¡Cómo habla! ¿No es un joven estupendo, doctor? Habla igual que un ciego sobre la luz.

HENRI: *(Crispado.)* Dentro de poco, mi madre y yo haremos que nuestra mendicidad deje de ser una carga para usted.

FRANÇOIS: ¿A qué viene esa palabra? ¡'Mendicidad'! Yo mismo le mendigué a tu madre que me permitiera hacer una aportación a tu educación.

HENRI: ¡Por Dios, pero si hasta ahora solo hemos vivido de su dinero! Ya sé que mi madre no tiene un céntimo, y por eso quiero ser diseñador, para ganar dinero.

DR. ROSNY: Ese trabajo no es para usted. Es un trabajo para hombres con otras manos.

HENRI: *(Exasperado.)* No soporto seguir dependiendo de un extraño. Hiere mi orgullo, mi dignidad. Y tampoco mi madre cogerá más dinero de usted. Se lo diré en cuanto llegue a casa.

FRANÇOIS: ¿Qué quieres decir? ¿Qué significa todo esto? *(El DOCTOR ROSNY quiere acercarse a HENRI para tranquilizarlo, pero FRANÇOIS lo detiene.)* ¡Déjelo, doctor! *(A HENRI.)* Todavía eres algo joven, querido. Todavía eres *muy* joven. No entiendes nada de estas cosas. Por ahora estoy aquí para aconsejarte y guiar tus pasos.

HENRI: *(Poniéndose en pie de un salto.)* No comprará mi obediencia con dinero. Seré diseñador.

FRANÇOIS: *(Lo coge por los hombros.)* ¡Henri... Henri! *(HENRI lo mira fijamente. FRANÇOIS le da unas palmadas en el hombro.)* Vamos a ver, ¿qué tienes en esa cabeza?

HENRI: *(Confuso.)* ¿He dicho algo malo? En realidad no sé qué he dicho. Estoy muy cansado. ¡Disculpe, señor marqués! *(Se sienta y se queda pensativo.)*

FRANÇOIS: ¿Qué llevas en la muñeca? ¿No es el brazalete que la señorita Carlin perdió la semana pasada?

HENRI: ¿Ya ha pasado una semana? Lo encontré en la hierba. Es bonito, ¿verdad? Cuando por la noche lo observo junto a la lámpara, me recuerda a princesas egipcias. Por favor, cójalo.

FRANÇOIS: ¿No quieres devolvérselo tú mismo a la señorita Carlin, ya que eres el afortunado que lo encontró?

HENRI: Volveré a olvidarme. *(Le da el brazalete a FRANÇOIS, quien se lo guarda en el bolsillo. De repente, con voz apagada.)* En realidad, soy terriblemente desafortunado.

FRANÇOIS: ¿Por qué dices...?

HENRI: A mi edad, los demás pueden practicar deportes y divertirse hasta el agotamiento, pero yo tengo que cuidarme para no sufrir un ataque al corazón. Es para echarse a llorar.

DR. ROSNY: Pero no le falta de nada. Usted mismo lo ha dicho.

HENRI: Eso es lo que he dicho. Noto perfectamente, sobre todo antes de irme a dormir, que no estoy bien. Por eso nunca llegaré a ser diseñador. Solo es un sueño. Y un día tendré un accidente. Lo presiento.

FRANÇOIS: ¡Tonterías! Doctor, quiere asustarme.

HENRI: *(Levantándose y dándole la mano la François.)* Le doy las gracias.

FRANÇOIS: ¿Por qué?

HENRI: Por su buena opinión, y porque quiera seguir ayudándome. Estoy cansado. Hoy no acudiré a la cena. Ruego me disculpe ante la señora marquesa. ¡Buenas noches, señor doctor!

FRANÇOIS: ¡Adiós, Henri! *(Lo acerca a él y le da un beso en la frente.)*

HENRI: ¿No sería mejor que yo mismo le diese el brazalete a la señorita Carlin?

FRANÇOIS: Como quieras. *(Le da el brazalete.)*

HENRI: Adiós. *(Sale por la izquierda.)*

DR. ROSNY: Un buen muchacho.

FRANÇOIS: ¿Usted cree?

DR. ROSNY: Se está desarrollando. Yo también era así. Cuando lo recuerdo… *(Pausa.)*

FRANÇOIS: Doctor, una pregunta: ¿qué opina usted de la decadencia, del empeoramiento de la raza? ¿Cree en la decadencia?

DR. ROSNY: ¿Cómo se le ocurre ahora esa pregunta?

FRANÇOIS: En relación con nuestra anterior discusión. No consigo olvidar lo que usted dijo sobre la sangre. Cuando pienso que en comparación con mis antepasados soy un sujeto inferior…

DR. ROSNY: ¿A qué se refiere?

FRANÇOIS: Mientras mis antepasados luchaban a la cabeza de ejércitos, creían ciegamente en Dios y en su infantil candor y su sana sensualidad se elevaban en éxtasis religiosos, yo cobro tranquilamente mis rentas, sigo la moda, no creo en nada salvo en mí mismo y disfruto del amor y de la vida con una naturalidad que raya en la blasfemia, con una furia que ya sabe que al final siempre estará la náusea. No puedo estar orgulloso de mi espíritu, mucho menos de mi cuerpo, de mis nervios. No soporto el ruido de un lápiz cuando se afila. Me espanto cuando chirría una puerta. Cuando subo una cuesta, me palpita el corazón de tal manera que creo que me voy a desmayar. Entonces, según su teoría, suponiendo que yo soy más penoso que mis antepasados, este empeoramiento aumentará en mi descendencia.

DR. ROSNY: No comprendo...

FRANÇOIS: Responsa a esto: si yo tuviese un hijo, ¿se convertiría en una criatura que destruyese todos los ideales y que hozara en la inmundicia de esta vida; sería una piltrafa, un cretino, lleno de perversidad y cobardía y que solo puede acabar en la cárcel o en el manicomio? ¿Sería necesariamente así?

DR. ROSNY: La tradición médica en la que yo me he desarrollado... *(Se le ocurre otra idea.)* Pero, entonces, ¿su matrimonio tiene hijos?

FRANÇOIS: *No* los tiene. Pero la respuesta a mi pregunta...

DR. ROSNY: Creo que, como todos los Grenier, su hijo sería un hombre excelente al que yo querría igual que a su padre.

FRANÇOIS: Ha manejado la situación de manera fabulosa: «como todos los Grenier». Pero está bien lo que ha dicho. Me alegro. ¿Usted no tiene hijos, doctor?

DR. ROSNY: No estoy casado.

FRANÇOIS: Pero se puede tener hijos sin estar casado, ¿no?

DR. ROSNY: No tengo hijos. *(Pausa.)*

FRANÇOIS: ¡Estas noches, estas noches!

DR. ROSNY: *(Como si despertase.)* A veces probablemente deseé que alguien se pusiese en mis rodillas para hacer como si fuese al trote o al galope. *(Estremeciéndose.)* ¡Qué aire hay aquí! Es tan suave y cálido que se me ha puesto la piel de gallina por toda la espalda. ¿Quiere venir conmigo a la playa? Ahora es cuando el mar está más hermoso.

FRANÇOIS: ¡Sí, vayamos! Ahora el mar parece oro líquido. *(Cuando se están dando la vuelta, suena a la derecha, como si descendiese de lo alto, una voz: «¡Señor marqués, espérenos!». Es la voz de MICHETTE CARLIN.)*

FRANÇOIS: *(Levantando la mirada.)* ¡Buenas tardes! ¡Tenga cuidado!

VOZ DE MICHETTE: ¡Mire cómo salto y cómo corro! Uno, dos, tres... ¡y ya estoy a su lado! *(MICHETTE tiene 20 años. Es de una belleza sorprendente, como raramente llega a desarrollarse y solo se ve en los sueños. El pelo castaño está recogido en un peinado griego; trae en la mano un amplio sombrero de paja. El vestido es de un gusto exquisito y resalta la figura flexible y las piernas delgadas como las de una gacela. Su boca está dibujada con ardiente rojo sobre la blanca cara. Un ser temperamental y sensual; en definitiva, el tipo de la más refinada parisina. La siguen, más o menos acalorados, el conde FELICIEN de Clarence, el actor BRANGUIN, Louis SAVILLE y el CAPITÁN. FELICIEN, un hombre robusto, de pequeña estatura y con monóculo, es el bromista del grupo; su mejor truco consiste en la gesticulación. BRANGUIN tiene unos 50 años y sigue enamorándose, sigue siendo un romántico y está lleno de teatro. SAVILLE, editor de un periódico dedicado a publicar novelas por entregas: un hombre de gran capacidad intelectual que podría haber llegado más lejos. Se expresa de manera cuidadosa y prolija y siempre cree que los demás lo encuentran ridículo. Su rostro tiene rasgos finos y nobles. — Saludos, animados apretones de manos.)*

FRANÇOIS: ¿Qué tal fue la excursión?

MICHETTE: Increíblemente hermosa. No puedo decir otra cosa.

FELICIEN: Branguin no dejaba de suspirar *(imitando al actor)*: «¡Oh, alma mía, oh, sueño de mi juventud!». *(Todos se ríen.)*

BRANGUIN: ¡Ríanse, Ríanse! No tienen sentimientos. No saben lo que es sentir, sentir el cielo, el mar.

FELICIEN: Lo que yo siento es… ¡hambre, señoras y señores! ¡Ja, ja!

FRANÇOIS: Me alegro de que hayáis disfrutado. Estaba preocupado porque no sabía muy bien qué ofreceros para que no os aburrieseis.

FELICIEN: ¡Ja, ja! ¡Aburrirse! Imposible para nosotros. ¿Usted qué opina, Michette?

MICHETTE: Yo lo amo, Felicien, y, en las mujeres, el aburrimiento es solo una pausa entre dos enamoramientos.

FELICIEN: ¡Qué bonito! *(Le besa la mano.)* ¿Te has quedado asombrado, François? Sí, sí, hoy ha descubierto que nos amamos. Y yo hago como si fuese verdad. ¡Ja, ja! Michette es muy ocurrente en todo tipo de juegos divertidos.

Ha descubierto que mañana es el santo de nuestro capitán. O el cumpleaños; no lo sé muy bien. Capitán, ¿dónde está usted? *(Tira del* CAPITÁN *hacia delante.)* ¡No sea tan modesto! ¡François, mira a nuestro viejo y curtido capitán! Michette va a preparar una fiesta para él mañana, mañana por la tarde. Con música y baile y recitaciones y fuegos artificiales.

MICHETTE: No olvide usted el número estelar del programa: sermón festivo de... ¿Cómo se llama, capitán? El marinero que lee la Biblia y da sermones. El que tiene esa cara tan interesante.

CAPITÁN: Se refiere a Phillipe Collard.

MICHETTE: A él me refiero, sí. Tiene que prestárnoslo, capitán.

FELICIEN: ¿Cuánto pagamos por el alquiler? Envíelo en una cesta y escriba en el exterior con letra bien grande: «¡Cuidado! ¡No volcar!». ¡Ja, ja! ¡Este capitán es un hombre estupendo! *(Todos expresan una alegría desbordante.)*

MICHETTE: Ahora tienen que disculparme.

FELICIEN: ¿Nos dejas, querida?

MICHETTE: Por desgracia. Adiós, mi querido y dulce amigo. *(Le lanza un beso con la mano.)* ¿Quién me acompaña? Usted, capitán. Usted, cumpleañero. *(Coge el brazo del* CAPITÁN *y ya está en los escalones de la terraza cuando* BRANGUIN *corre tras ella.)*

BRANGUIN: Michette, deja que te bese la mano. Tengo la necesidad de besarte la mano. Qué bella has estado hoy, Michette: tus brillantes mejillas, tus ojos risueños.

MICHETTE: *(Apartando su mano.)* Eres un loco, Branguin. *(Volviéndose de nuevo.)* ¡Adiós, señores! ¡Adiós, señor Saville!

SAVILLE: *(Acercándose.)* ¿Perdón?

MICHETTE: Le he dicho adiós.

SAVILLE: Adiós, estimada señorita.

MICHETTE: ¿Por qué no me llama «Michette» como los demás? *(Susurrando.)* Por cierto que hoy ha estado usted notablemente silencioso.

FRANÇOIS: *(Poniéndose por medio.)* ¿Se ha enterado ya de la noticia? Ha aparecido su precioso brazalete. Lo ha encontrado Henri.

MICHETTE: No me diga, ¿Henri Marlette? ¡Qué suerte! *(Despidiéndose con la mano, sale del brazo del capitán.)*

FRANÇOIS: Doctor, ¿qué queríamos a hacer?

DR. ROSNY: *(Asombrado.)* Creo que queríamos bajar a la playa a contemplar el mar.

FRANÇOIS: *(Pensativo.)* Contemplar el mar… ¡Sí, vamos! *(A los otros.)* ¡Hasta luego! Nos vemos en la cena, ¿verdad? ¡Hasta luego! *(Salen ambos por la izquierda, por detrás de la casa.)*

*(Los tres que quedan deambulan, al principio, sin saber qué hacer; a continuación se colocan de la siguiente manera: SAVILLE y FELICIEN se sientan en la parte delantera, a la izquierda, en las sillas; a la derecha, BRANGUIN se echa boca arriba sobre la hierba. FELICIEN le ofrece un cigarrillo a SAVILLE, quien lo rechaza con un gesto de agradecimiento; FELICIEN fuma un cigarrillo. Durante todo esto, nadie habla. Está oscureciendo. Ya se ven algunas estrellas en cielo azul oscuro y profundo.)*

FELICIEN: *(Suspirando.)* Sí, así son las cosas.

BRANGUIN: *(Sin moverse.)* Camino a orillas del Sena – ya es pasada la medianoche – el agua salpica bajo los puentes – la

Luna está quieta sobre las casas – un hombre borracho, con el sombrero de copa torcido, va entre dos muchachas que se ríen – ¡oh, París!

SAVILLE: ¿Qué dice?

FELICIEN: Sabe Dios. El pobre se ha puesto melancólico.

SAVILLE: ¡Qué magnífica es esta noche! El alma se ha librado de todos sus pesares. Es como si a mi interioridad le hubiesen crecido alas. En casa estaba día sí y día también agobiado por el trabajo en la redacción. Pensar en el negocio no permite pensar en una vida más rica y profunda, y aunque se tuviese la firme voluntad de lograrlo, sería como una ramita en la corriente del río. Eso significa tan solo avanzar, estar alerta, ser vil, engañar y adular y sobornar. Recorro el mismo camino que los demás porque pienso: la gente creería que estás loco si quisieras ser mejor que ellos. En todo caso, me mantengo todo lo alejado posible, de ahí que no disfrute de lo que llaman «la alegría de vivir». Nunca he seducido a una muchacha o a una mujer casada; nunca he gastado más de lo que he ingresaba; nunca he tenido un duelo ni me han llevado a juicio. De esta manera conseguí la reputación de ciudadano decente. ¡Pero si supiesen todo lo que he sufrido! No porque me he privado de lo que otros disfrutan con la conciencia tranquila, sino porque en este mundo hay muchas cosas hermosas que se ensucian con prejuicios groseros y ante lo que me horrorizo porque otros lo han arrastrado a la basura de su inmunda manera de pensar. Mirad cómo se ama, ¡cómo se...! Nunca he podido amar porque hay muchas, infinitas cosas que ensucian el amor. Imaginad que tenéis que comer en una mesa con alguien que se comporta como un cerdo. Eso es lo que me ha pasado a mí. En cuanto pusimos los pies en esta isla, mi interior se volvió claro y dichoso. Sí, besaría esta tierra con la que me siento uno y afín...

FELICIEN: ¡Ja, ja! Nunca había estado usted tan hablador, Saville. ¿Para qué tantas palabras para algo tan sencillo? Esta isla es horrible. Sí, sí. ¿No lo ha notado, Saville? A veces me asalta aquí un extraño miedo, miedo de mí mismo. Me escucho, me observo demasiado. ¿Lo entiende? Cuando uno está solo, completamente solo... Entonces empiezo a rezar para no tener miedo, aunque no pueda decir qué rezo. Pero entrelazo mis manos y miro delante de mí ¡y entonces siempre me viene a la mente algo piadoso! ¿Qué opinan de esto?

BRANGUIN: *(Extático.)* Todo París está de pie. ¿Qué pasa? Michette Carlin aparece en una nueva obra en la que canta una cancioncilla, una diminuta cancioncilla que hace que se te acelere la sangre. Aparece sobre el escenario... Yo estoy detrás de ella, soy su criado que en una bandeja le trae las tarjetas de visita, abre la puerta a los invitados y recibe imaginarias propinas El público suspira y carraspea y se mueve porque ahora viene la cancioncilla. Y ahí está. Y el público ruge, grita, canta, ríe, vitorea. Y ella acecha en la luz blanca: cegadora. Sus hombros no se mueven, pero sus ojos salvajes devoran al público. Dios mío, si has determinado que acabe mi vida en una isla perdida en el océano, ¡permite que por lo menos una vez más vea cómo Michette Carlin representa un nuevo papel y convierte a París en un frenesí de embriaguez!

FELICIEN: ¡Branguin, deje a la Providencia en paz! No le sirve de nada. Mi amigo François se quedará aquí hasta que su herbario tenga la única planta que le falta. *Una* planta...

Tremendo… ¡Ja, ja! Creo que esa planta no existe y que es una excusa para…

BRANGUIN: *(Poniéndose de pie.)* Pues dígaselo.

FELICIEN: No le diré nada.

SAVILLE: Su impaciencia, si se me permiten decirlo claramente, se debe a que ven que se le pone riendas a su alborozo. Y de esta manera demuestran que no son dignos de que se les llame portadores de cultura.

FELICIEN: Está usted poetizando, señor Saville. Siempre está usted poetizando. ¡Ja, ja! De verdad les digo que sin las mujeres la vida es para mí menos que nada.

BRANGUIN: *(A Saville, con énfasis.)* Menos que nada.

SAVILLE: *(Tranquilamente.)* Ahí tienen a la señorita Carlin.

FELICIEN: ¿Michette?

SAVILLE: Sí.

FELICIEN: Bueno… Michette… Pero… Pero no podemos interponernos en el camino de querido marqués…

SAVILLE: ¿El marqués?

FELICIEN: Está claro que es la amante de François. ¿No, Branguin? ¡Pobre Branguin!

BRANGUIN: *(Airado.)* ¿Por qué me compadece? ¿Tiene usted, quizá, alguna ventaja sobre mí?

FELICIEN: Quizá… una esperanza. Lo único que puede hacer es llorar un pasado más feliz. ¿Por qué me mira así, Branguin, con tanta saña? Puede alardear ante nosotros y cantar sus triunfos cuando quiera, pues como antiguo amante de Michette…

Branguin: ¿Yo? ¿Amante de Michette? *(Suelta una carcajada teatral.)* ¡Qué manto púrpura echa sobre mis pobres hombros la opinión pública! Bueno, escúchenme. Yo soy, en efecto, quien descubrió a Michette y quien la llevó a los escenarios, y habría sido el primero en cuanto... *(Apretándose la frente con las manos.)* Sabe Dios qué había en mí de despreciable, pero vivimos en la época de la democracia... y aunque siempre estaba a su alrededor, actuaba y viajaba con ella y administraba sus posesiones, no conseguí la meta de mi vida... *(Enfurecido.)* ¡Ah, soy un mártir del amor! En las primeras semanas de nuestra estancia en la isla descubrí dos canas en mis sienes.

Felicien: No las hemos visto.

Branguin: Me las he teñido.

Felicien: *(Sonriendo.)* ¡Es usted tremendamente original, Branguin! Ah, Branguin, para quién se tiñe el pelo si usted no le causa ninguna impresión a Michette.

Branguin: Para otros.

Felicien: ¿¡Cómo!? ¿Para la señora marquesa? Branguin, es usted un tipo listo... ¿Para la señora marquesa, entonces?

Branguin: No lo sé.

Felicien: Ha hecho usted que se me ocurra una idea. Si François tiene una amante y desatiende a su mujer, se podría... Porque desde un punto de vista psicológico su mujer tendría derecho...

Branguin: *(Cayendo en la cuenta.)* Cierto, desde un punto de vista psicológico.

Saville: Lo que están diciendo... No es ni bueno ni apropiado.

BRANGUIN: Señor Saville, no somos unos niños. Vemos la vida con seriedad. Y aquí formamos un grupo que tiene que mantenerse unido porque nos mueve el mismo interés. Lo que uno conquista, también pertenece a los demás, y...

SAVILLE: *(En voz demasiado alta.)* La señora marquesa... La señora marquesa está por encima de semejantes ignominias. Es lo más noble que puedo imaginar.

*(BRANGUIN suelta una risa teatral.)*

FELICIEN: ¡Tranquilo, Branguin! El señor Saville tiene razón. ¡Todo esto es absurdo, nada, un juego de ideas! Somos caballeros, no lo olvidemos.

BRANGUIN: *(Se da la vuelta y se golpea el pecho con los puños.)* ¿También mi amor es un juego? ¿Mi anhelado amor?

FELICIEN: *(Tras una pausa.)* Lo que hoy más me gustaría es pasar despierto toda la noche. Sí, estoy terriblemente nervioso. *(Estira los brazos.)* Por la noche siempre tengo miedo. Imagínense, podría suceder algo, un robo, un asesinato... ¿Quién nos ayudaría? Aquí no hay policía, ni fiscales, ni jueces. ¿Qué piensan sobre esto?

SAVILLE: Si está nervioso, debería evitar pensar en esas cosas.

FELICIEN: Por supuesto que eso me pone aún más nervioso, pero también me estimula. ¿No lo entiende? ¡Ja, ja! Si lo entendiese... Branguin, ¿qué hace ahí?

BRANGUIN: Escucho a mi yo. Quiere portarse mal.

FELICIEN: ¡Venga! Vamos a la mesa. Cuando la lámpara brille y las damas resplandezcan con sus dulces vestidos...

BRANGUIN: *(Con rudeza.)* Aún hay tiempo.

FELICIEN: ¡Señor Saville, cójale usted el otro brazo! Y ahora vamos a consolar y a adular al bueno de Branguin.

(*Entran en la casa. Del fondo vienen FRANÇOIS y el doctor ROSNY.*)

FRANÇOIS: *(Se detiene.)* Otra vez nos aburriremos en la mesa.

DR. ROSNY: Todos pensamos demasiado en regresar a casa. Incluso el espíritu creativo de la señorita Carlin está casi agotado.

FRANÇOIS: ¿Cree que no estuvo bien haber invitado a la señorita Carlin a viajar con nosotros?

DR. ROSNY: Ah, eso estuvo muy bien.

FRANÇOIS: Dígame, doctor, ¿usted también piensa que la señorita Carlin es mi amante?

DR. ROSNY: ¿Quién piensa eso?

FRANÇOIS: Todos... Mi mujer... Los marineros... Todos.

DR. ROSNY: Bueno, pues yo, señor marqués... Yo... también lo pienso.

FRANÇOIS: ¿Pero...?

DR. ROSNY: ¿Nos equivocamos?

FRANÇOIS: *(Dudando.)* No. O más o menos. No es mi amante; es mi amada. Lo que aquí más importa es el alma, el fuego espiritual...

DR. ROSNY: Eso es lo que probablemente piensan todos los hombres cuando engañan a sus esposas.

FRANÇOIS: Es usted cruel, doctor. Disecciona ideales.

DR. ROSNY: Oh, sí... Ideales que son cadáveres.

FRANÇOIS: Michette es un extracto de todas las culturas de la Tierra, una mezcla de nobleza y rudeza, compasión, egoísmo, franqueza y mentira. Está entre nosotros como una enviada de algo divino y, sin embargo, su vida no se diferencia en nada de la de una prostituta. Mire, estos contrarios mutuamente excluyentes lanzan a quien los conoce por toda la escala de sentimientos: desde la desesperación hasta el éxtasis más elevado, y vuelta hacia abajo en un agotamiento pesado y dulce. Eso es lo que me atrae en ella, esta posibilidad de vivir a través de ella lo que otros para lo mismo necesitan años.

DR. ROSNY: Lo siento por su mujer, señor marqués.

FRANÇOIS: ¿Mi mujer?

DR. ROSNY: Ella también es hermosa.

FRANÇOIS: Sí, oh, sí. Pero las mujeres son algo muy curioso. Cuando uno se casa, persigue un fin muy determinado, ¿verdad? Cuando uno se casa… ¿Quién viene ahí?

DR. ROSNY: El vigilante.

*(Desde la izquierda, PHILIPPE COLLARD entra con un arma. Saluda en silencio y se detiene.)*

FRANÇOIS: ¡Buenas noches! *(Al doctor ROSNY.)* Aquí tenemos al mismísimo Philippe Collard. Pero a mí no me parece que tenga un rostro interesante.

DR. ROSNY: Se parece a un actor o a un delincuente.

FRANÇOIS: Si nuestras damas no tuviesen tanto miedo… *(Caminan. En la terraza, FRANÇOIS se detiene de nuevo.)* Una pregunta seria, doctor: estoy casado desde hace tres años y mi matrimonio sigue sin hijos. ¿Cree que es posible que algún día tenga descendencia?

DR. ROSNY: Eso está escrito en las estrellas.

FRANÇOIS: ¡Bien! ¡Vamos!

*(FRANÇOIS y el doctor ROSNY salen por la izquierda. Ha caído la noche, pero alrededor se expande la claridad procedente de la*

*luz de la luna. Desde la puerta abierta de la casa sale un ancho haz de luz dorada que atraviesa el escenario. PHILIPPE está junto a la balaustrada del fondo de la terraza, apenas visible para el público. Ha dejado el arma en el primer descansillo de la escalera. Mira fijamente hacia un punto lejano. Con cuidado y en silencio, MICHETTE CARLIN sale de la casa. Lleva puesto un vestido gris iridiscente que cae sobre su cuerpo como agua que corre. Tiene el cuello descubierto, en el que luce una sencilla cadena de la que cuelga una perla. Al ver a PHILIPPE, corre escaleras abajo.)*

MICHETTE: *(Tocándolo por encima de la barandilla de la escalera.)* ¿Qué está haciendo? *(PHILIPPE la mira asombrado.)* ¿Duerme? ¿Quién soy yo: un fuego fatuo, un fantasma de medianoche?

PHILIPPE: Es la señorita Carlin.

MICHETTE: Exacto. Y usted es Philippe Collard, el pastor. ¿Está de guardia?

PHILIPPE: Sí.

MICHETTE: Tiene que ser bonito pasar la noche de guardia y contemplar las estrellas, ¿verdad?

PHILIPPE: Oh, sí… Me gusta hacer la guardia. Me gusta estar solo.

MICHETTE. Sí, tiene que ser muy hermoso. ¿Y no lee un poco la Biblia?

PHILIPPE: ¿Por qué?

MICHETTE: *(Sonriendo.)* No se altere. Conozco esa manía suya. Ay, Dios, me estoy riendo. No, ya no me río más. Mire. Es una cosa dificilísima ser piadoso entre los marineros… Lo sé. ¿Lo es usted por convicción personal?

PHILIPPE: Sí.

MICHETTE: Eso había pensado. ¿Reza todos los días?

PHILIPPE: Por la mañana y por la noche.

MICHETTE: Ojalá yo también pudiese ser piadosa, muy piadosa… como las monjas en el convento. *(Pausa.)* Philippe Collard, ¿por qué no ha ingresado usted en un monasterio, ya que quiere estar solo?

PHILIPPE: Ya lo he pensado. Pero aún es demasiado pronto. Aún hay mucho que hacer.

MICHETTE: ¿Qué hay que hacer?

PHILIPPE: Preparar su regreso.

MICHETTE: ¿El regreso de quién?

PHILIPPE: El regreso del Señor.

MICHETTE: *(Tras unos segundos de silencio.)* A ver… ¿Usted quiere… preparar eso?

PHILIPPE: Hay que hacer mejores a los hombres y cargar con su sufrimiento.

MICHETTE: ¡Ah…! ¡Hacia dónde mira? ¿Tiene miedo de que alguien venga y vea que estamos hablando? No viene nadie. Me he escabullido porque le oí decir al marqué que hoy haría usted la guardia y porque quería hablar con usted. Sí, ¿hay algo raro en eso? Los hombres son iguales… Yo soy como usted, como todos los demás. Si quiero hablar con un mendigo, hablo con un mendigo. Entre usted y yo solo hay una diferencia: yo tengo más dinero que usted. Pero a mí no me importa la riqueza; solo el alma es valiosa. Quien tiene su alma, es rico. Philippe Collard, ¡póngase como estaba antes! Apoyado en la escalera y vuelto hacia la oscuridad… Debería ir siempre con la cabeza descubierta. Tiene un bonito pelo rizado. Eso… *(Le da la gorra.)* ¡No! ¡Nada de ponérsela! *(Phi-*

*lippe, sonriendo, la guarda en un bolsillo.)* ¿Se ríe usted de mí! ¡Pues será castigado! Ahora le cojo del pelo, lo tengo a usted bien sujeto. *(Le coge del pelo.)* ¿Por qué tiembla? *(Lo suelta.)*

PHILIPPE: *(En voz baja.)* No lo sé.

MICHETTE: Léame algo de la Biblia. Hay suficiente luz.

PHILIPPE: No tengo aquí mi Biblia.

MICHETTE: ¿Y no se sabe nada de memoria?

PHILIPPE: Es más hermoso cuando se tiene el libro delante.

MICHETTE: Mañana tiene que leernos algo en voz alta, eso es lo que quería decirle. Mañana por la tarde: al marqués, a su mujer y a sus amigos. Les he hablado de usted. Usted vendrá mañana con su Biblia y leerá y pronunciará un gran discurso. ¿Tiene algo que objetar? Me ocuparé de que le paguen bien. Bah, qué cosas digo; la paga es lo de menos. Lo importante es que nos impresione y nos haga mejores. ¿No sería la más alta de las pagas que hiciese de nosotros personas piadosas?

PHILIPPE *(sonríe incrédulo.)*

MICHETTE: Es mejor que empiece por nosotros y no por sus camaradas. Somos malos, pecadores. Amamos el placer y repudiamos el trabajo. Me temo, me temo que un día caerá sobre nosotros un terrible juicio.

PHILIPPE: *(Visionario.)* Separará a los hombres en buenos y malos. Recibirá entre sus brazos a los buenos y los besará en la frente para que puedan ver. Lo verán todo desde el principio hasta el fin y lo amarán todo desde el principio hasta el fin. Y su amor será tan grande que a los infelices los liberará de su condena eterna pues moverán al Señor a la compasión y a los míseros los perdonará con la mano extendida. Pero este es el más alto misterio: cómo sucederá y como se llevará a cabo todo esto.

MICHETTE: *(Entusiasmada.)* ¡Así tiene que hablar mañana! Sí, palabras como esas atraviesen el cuerpo, hacen que uno se arrepienta. ¡Oh, Dios mío, ojalá fuese joven e ingenua y muriese de esa manera y nadie pudiese maldecirme! Philippe Collard, te lo pregunto: ¿moriré condenada o recapacitaré y haré que mi vida sea grata a Dios?

PHILIPPE: No sé lo que le espera.

MICHETTE: Tengo miedo de la muerte. Me gustaría vivir en la opulencia… mil años. ¿Cómo puedo evitar ser como soy? ¿Eso es pecado?

PHILIPPE: No se trata de lo que uno haga, sino de lo que quiera.

MICHETTE: Quiero ser buena, lo quiero, pero… ¡Siento martillazos en las sienes! Philippe Collard, creo que usted será quien me cure, quien me redima… Lo sé. ¿Quién fue su padre, Philippe Collard?

PHILIPPE: Un capitán. Se gastó todo su dinero en el juego en una ciudad extranjera y desapareció, nadie sabe dónde.

MICHETTE: ¡Ojalá supiese quién fue mi padre! Mi madre era repartidora de periódicos. ¡Yo tenía cuatro hermanas y un hermano! Probablemente a mis hermanas no les haya ido nada bien en la vida. Ah, yo escapé de esa peste. Pero al final tampoco me convertí en una santa. Me han vestido con elegancia y me han regalado una hermosa vivienda, pero me han desgarrado y pisoteado el corazón, todos los que tienen millones y nombres de relumbrón, príncipes y usureros americanos. Dios sabe que mi corazón era puro, pero atiborrado de mentiras. Pero tú y yo presentimos que las cosas serán diferentes. *(Le mueve el brazo.)* Nosotros, que venimos de abajo, llegará el día en que nos elevaremos sobre ellos y les gritaremos la verdad a la cara. ¿Por qué me sujetas tan fuerte?

PHILIPPE: Escuche...

MICHETTE: ¿Viene alguien? No oigo nada. *(Mira con temor a su alrededor y, sin dejar de mirar atrás, va hacia las rocas de la derecha y se sienta sobre una de las piedras.)* Ahora puedo ver la puerta. Ahora nadie puede espiarnos... ¿Qué buscas?

PHILIPPE: Mi arma. *(Se agacha.)* Aquí está.

MICHETTE: ¿Alguna vez has tenido que disparar aquí?

PHILIPPE: No.

MICHETTE: Pero si alguien te atacase, dispararías.

PHILIPPE: Sí.

MICHETTE: Quiero decirte algo, Philippe Collard: dispárame con tu arma. *(PHILIPPE la mira desconcertado.)* ¿Tienes miedo?

PHILIPPE: No.

MICHETTE: No me moveré. ¡Dispárame!

PHILIPPE: No.

MICHETTE: No eres fuerte. Yo quiero morir y tú no tienes el coraje para matarme. ¿No hay veces en las que tú también quieres morir?

PHILIPPE: No.

MICHETTE: Qué raro. ¿Has estado alguna vez en París?

PHILIPPE: Sí. Pero yo era un niño.

MICHETTE: Cuando regresemos, te llevaré conmigo a París. Entonces podrás verme todas las noches en el teatro. ¿Sabes cómo son los teatros?

PHILIPPE: Sí.

MICHETTE: Si fueses chófer, podrías ser el mío. ¿O prefieres un puesto de mayordomo? Yo nunca he tenido un mayordomo, solo un secretario. Pero quiero hacerte rico, fabulosamente rico. ¿Quieres? ¿No me crees? Tienes razón. ¡Quédate en tu barco y no vengas nunca a París! Allí te echarías a perder. ¿Tienes un amor en casa, Philippe Collard?

PHILIPPE: Solo un flirteo, no un amor… Siempre estoy en el barco.

MICHETTE: No me puedo imaginar cómo besas a una chica. ¡De verdad! ¿Ya has besado a una chica?

PHILIPPE: Sí. ¿Por qué no?

MICHETTE: ¡Besa mi mano! *(Le tiende la mano.)* ¡Hazlo! ¿Vuelves a tener miedo? Mira, mi mano es completamente dócil, como un gato blanco y delgado. *(Philippe besa su mano.)* ¡Y ahora aquí! *(Señala la muñeca.)* Si no me obedeces, llamo al marqués y a todos sus invitados y tendrás que hacerlo delante de ellos. Bueno, ¿te atreves? Aquí está mi brazo, todo mi brazo… Puedes jugar con él como con tu propio brazo. ¡Besa mi brazo! *(PHILIPPE besa fugazmente su brazo.)* Estás temblando. ¡Estira las manos! Tus manos tiemblan; no eres fuerte, Philippe Collard.

PHILIPPE: *No* tiemblo.

MICHETTE: Te digo que no eres fuerte. ¡Intenta cogerme en tus brazos! *(PHILIPPE duda.)* No puedes. *(Philippe mira a su alrededor, deja a un lado su arma y levanta a MICHETTE, que se acurruca en sus brazos como una niña.)* ¡Sujétame todo lo fuerte que puedas! Paso mis brazos alrededor de tu cuello para no caerme. ¿Peso?

PHILIPPE: No.

MICHETTE: Di la verdad: no tienes ninguna enamorada. O… ¿no quieres decirlo? ¿Soy más hermosa que ella? ¿Si me besaras, entonces…? O si yo fuese tu amada, ¿entonces tú…? No. ¡Bésame! ¡En la boca! Rápido. No tengo tiempo. Espera, ¡yo te cojo la cabeza! *(Mueve su cabeza hacia abajo y lo besa en los labios.)* Tienes fiebre. ¿Qué te pasa? ¿Peso demasiado?

PHILIPPE: No.

MICHETTE: ¡Llévame de paseo en tus brazos! Llévame todo lo lejos que puedas, todo lo lejos que puedas. *(Sale con ella hacia la derecha.)* Despacio, ¡y en silencio! Que nadie nos oiga. Querido… Cariño…

*(Salen. FRANÇOIS sale de la casa. Con cautela, observa la oscuridad. De repente baja, corriendo, la escalera. Al mismo tiempo parece CLAIRE-MARIE, su mujer, en la terraza, con vestido de noche. Es de la misma edad que la señorita CARLIN, alta, delgada y pálida; los ojos cansados como tras una enfermedad. Lleva sobre los hombros una tela parecida a un velo.)*

CLAIRE-MARIE: ¿A dónde vas, François?

FRANÇOIS: *(Se queda parado, como hechizado, pero sigue mirando hacia fuera, a la derecha.)* ¿Qué… quieres de mí? Solo he salido a tomar un poco el aire. Ahí dentro hace demasiado calor.

CLAIRE-MARIE: Voy contigo, si me lo permites.

FRANÇOIS: Yo… me quedo aquí. *(Se sienta.)*

CLAIRE-MARIE: ¿En qué piensas? *(Se sienta frente a él.)* A mí no me parece que en casa haga tanto calor. Pasé el día en la habitación.

FRANÇOIS: ¿Por qué?

CLAIRE-MARIE: Nadie se preocupa por mí.

FRANÇOIS: ¡¡Cómo!? ¿Y Saville? Louis Saville, el poeta que durante viaje hasta aquí, cuando pasaste tanto tiempo enferma, estaba constantemente a tu lado y te leía en voz alta libros aparentemente de gran poder salutífero.

CLAIRE-MARIE: Ah, este viaje, este maravilloso viaje oceánico…

FRANÇOIS: Así es. ¿Y me inmiscuí entonces en tus secretos? Sin embargo, tú me persigues y en tus ojos leo algo que continuamente penetra en mis entrañas y que contine un deseo. No sé a qué se debe este extraño comportamiento. ¿Por qué te quieres hacer la interesante ante mí?

CLAIRE-MARIE: No era consciente de que…

FRANÇOIS: Ahora me has seguido. ¿Por qué?

CLAIRE-MARIE: Evitas hablar conmigo… desde hace semanas.

FRANÇOIS: Quieres actuar demoníacamente. Crees saber lo que pasa en el alma de una persona. Pero no sabes nada, absolutamente nada. ¿Quién te ha dicho que evito hablar contigo? Solo pienso que no tienes nada que decirme que nos importe a los dos. Cada uno de nosotros ha elegido su camino.

CLAIRE-MARIE: ¿Perdón?

FRANÇOIS: Quiero decir que últimamente parece que no has prestado especial atención al hecho de que estás casada.

CLAIRE-MARIE: ¿Yo? ¿Yo, François?

FRANÇOIS: Yo no soy como esos maridos que solo se dan cuenta del engaño cuando ya lo sabe todo el mundo.

CLAIRE-MARIE: Sí, te he engañado.

FRANÇOIS: Muy bien. Tomo nota. Estoy tranquilo y no voy a estrangularte porque tengo por un principio vital que cada uno desarrolle libremente su personalidad.

CLAIRE-MARIE: No te he engañado como crees, François. Quiero explicártelo todo.

FRANÇOIS: *(Quiere ponerse en pie.)* Ahora no.

CLAIRE-MARIE: *(Tocando su mano y mirándolo temerosa.)* Te lo pido por favor, ¡quédate! ¿Recuerdas cuando te conocí y me casé contigo?

FRANÇOIS: Por supuesto. No ha pasado tanto tiempo...

CLAIRE-MARIE: Te admiraba infinitamente. No era amor. Yo era demasiado joven e inexperta para amar. Yo adoraba todo lo que procedía de ti y todo lo que te rodeaba, tus caballos, tu colección de flores, tus invitados, tu sentido para la ayuda, con el que uniste a ti al joven Henri Marlette, todas las mujeres a las que habías obsequiado con tu amor. Entonces era tan feliz que no me di cuenta de que yo siempre era una espectadora y que no desempeñaba ningún papel. Me parece que este ser espectadora ha sido demasiado para mí, como cuando alguien pasa demasiado tiempo delante de una gran cascada y el ruido y la corriente lo sofocan. Y de esa misma manera es como llegué a enfermar, cada vez más y más cansada. Lo que pasaba a mi alrededor sucedía como tras un velo. Yo sonreía, como hacen las mujeres de cierta edad, pero yo aún era una niña. No me di cuenta de que habían pasado los meses y los años hasta que se te ocurrió la idea... hasta que de repente se te ocurrió la idea de devolverme la salud de manera sistemática, como si con eso persiguieras un plan determinado. Entonces empezaron los concilios de profesores y los viajes de país en país, pero yo seguía igual. De todas formas, François, yo admiraba la energía que ponías en todo. De nuevo, tampoco aquello era amor; estaba demasiado sorprendida para eso. Pero entonces lo otro se aferró a mí y creció. Entonces, ya sabes, cuando, desesperado, yacías ante mi cama. Jamás había esperado de ti semejante tormenta de emociones. Entonces se me ocurrió la extraña idea de que sanaría cuando quisiera amar, cuando quisiera entregarme a la vida. ¿Pero qué entendemos por «vida»? Lo que en noches de insomnio leemos en ardientes novelas. Y entonces empecé a amar. Te amaba como al protagonista de una de mis novelas, pero no solamente a ti: hoy era el médico, mañana un amigo que te visitaba, o un cantante al que había oído en la ópera, o un retrato que me había gustado en una exposición. Lo amaba todo y te engañé y recuperé la salud, la fuerza y la alegría, y cuando llegamos a esta isla supe que solo a mí tenía que darme las gracias por no haber sucumbido. Y pensé que por qué se me ha de negar la recompensa a mi esfuerzo, y por fin quería preguntarte si estarías preparado, François, si finalmente estarías preparado.

François: ¿Preparado para qué?

Claire-Marie: Para pagarme mi recompensa.

François: Entonces, ¿has conservado tu vida por mí?

Claire-Marie: Sí. Eso he hecho.

François: ¡Mentira!

Claire-Marie: Me estás haciendo daño, pero lo aguantaré porque… no vivo por ti, sino por el nombre que tengo, por el antiguo y magnífico nombre. Y por si tienes intención de burlarte de mí, quiero decirte que para mí este nombre es sagrado y el honor de esta familia. Y jamás se me ha pasado por la cabeza, François, cometer una infidelidad porque en lo más profundo de mí siento que mi seno ha de ser puro. Yo, de quien depende la futura existencia de esta familia. Este hermoso sentimiento, casi religioso, me librará de todo mal paso.

FRANÇOIS: *(Sincero.)* Quizá te he juzgado mal. Es posible. Pero tal vez estás fingiendo ahora.

CLAIRE-MARIE: No, François. ¡Dame tu mano! *(Coge su mano.)* Sé lo que quiero. Te quiero a *ti*.

FRANÇOIS: *(Sonriendo.)* Dices con voz fría unas palabras que suenan lujuriosas, como exhaladas por un fuego interior. Quizá realmente te he juzgado mal. Quizá eres realmente demoníaca y tienes poder sobre mí.

CLAIRE-MARIE: François… *(En la casa suena un gong.)*

FRANÇOIS: Van a servir la cena. ¡Corre, ve!

CLAIRE-MARIE: ¡Dame tu brazo!

FRANÇOIS: No. Tienes que ir sola. De lo contrario podrías creer que yo… No: no tienes ningún poder sobre mí. ¿Qué estás pensando? Hago lo que quiero. Me arrepiento de haberte dado la ocasión de representar ante mí una escena sentimental.

CLAIRE-MARIE: *(Sorprendida.)* Yo solo he…

FRANÇOIS: ¡Vete!

CLAIRE-MARIE: Sí. Me voy. *(Sorprendida, va hacia la casa. Unos instantes más tarde llega MICHETTE desde la derecha. FRANÇOIS mira, buscándola, inmediatamente a su alrededor.)*

MICHETTE: ¿Usted, señor marqués? ¿No han llamado para la cena?

FRANÇOIS *(la observa durante un largo rato.)*

MICHETTE: ¿Qué tengo para que me mire tanto? *(Saca un espejo y se mira.)* Ah, mi pelo está completamente alborotado. Me quedé enredada en la maleza justo cuando venía de una exploración nocturna. Lástima que el gong me haya traído de vuelta. ¿Puedo pedirle que me acompañe? *(FRANÇOIS le ofrece su brazo. Ascienden por la escalera y entran en la casa.)*

MICHETTE: Nada me gusta más que andar por caminos desconocidos en la oscuridad. ¿Lo ha probado usted? Los árboles parecen moverse mágicamente y con frecuencia se siente la necesidad de gritar. Pero es hermoso y peligroso... ¡excitante! ¿No le parece? *(Mientras desaparecen, cae el telón.)*

# SEGUNDO ACTO

*La misma decoración del primer acto. Tarde del día siguiente. En una tumbona, entre cojines de seda, está echada CLAIRE-MARIE con los ojos cerrados. Cambia con frecuencia de postura, como impelida por una intranquilidad interior. Detrás de ella hay un biombo de bambú para protegerse del sol.*

*(MICHETTE CARLIN sale de la casa. Observa a CLAIRE-MARIE, quien abre los ojos.)*

CLAIRE-MARIE: Acérquese, no me molesta. No estaba durmiendo. *(Se sienta.)* ¡Qué hermoso es estar echada y soñar! MICHETTE: *(Todavía en los escalones de la terraza.)* Dónde están los señores.

CLAIRE-MARIE: François y Henri Marlette se han ido, probablemente, en busca de plantas. Los otros estarán bañándose o cazando. Ah, Dios, nos dejan abandonadas. ¿No quería usted dar una fiesta esta tarde, señorita Carlin?

MICHETTE: ¿Para el capitán? Se me han quitado las ganas.

CLAIRE-MARIE: No, señorita Carlin, por favor, no desaproveche esta ocasión para animar un poco al grupo. Todo se agosta y se hunde en la apatía. Usted es la única aquí que representa la auténtica alegría, el humor, el temperamento. La envidio a usted y a su temperamento.

MICHETTE: Creo que usted y yo somos tan radicalmente diferentes que es imposible hablar de envidia, ¿verdad?

CLAIRE-MARIE: Oh, no, señorita Carlin. Muchas veces he pensado si yo no podría haber sido actriz. Es la única profesión en la que una mujer puede consumar su ser de la manera más sencilla y segura. ¿No le parece que tengo talento para el teatro?

MICHETTE: Talento tienen todas las mujeres, en mayor o menor medida.

CLAIRE-MARIE: Es verdad. ¡Ojalá las tradiciones no se interpusieran como rocas que pudieran apartarse con el simple movimiento de la mano! Yo me crie en un monasterio. La fe en Dios, en mis buenos padres, en los profesores, en… lo que sea me la grabaron a diario como algo sin lo que no se puede vivir. Algo así no se lo quita una de encima de la noche a la mañana. Y después… Tengo un marido que me ama infinitamente, que me llevaría de la mano si yo quisiera. *(Espera una respuesta.)* Lo amo. No me imagino la vida sin él. Lo amo a pesar de que ya llevamos tres años casados. Parece extraño, ¿verdad? *(Vuelve a esperar, pero MICHETTE guarda silencio.)* Mi marido la admira mucho; siempre ha sido un gran admirador del arte. Pero por usted siente una admiración extraordinaria. Así me lo ha dicho. Hablamos con frecuencia sobre usted. Mi marido no tiene secretos para mí… *(No sabe cómo hacer para que MICHETTE diga algo, y duda.)* ¿Cree usted que François miente cuando afirma que me ama?

MICHETTE: ¿Por qué habría de mentir?

CLAIRE-MARIE: ¿Cree usted que es capaz de tener una amante?

MICHETTE: *(Palideciendo.)* Qué preguntas tan peculiares hace usted.

CLAIRE-MARIE: *(Sonriendo.)* Tan ingenuas, quiere decir. *(Se pone de pie.)* Si descubriese que tiene una amante, no lo consentiría. *(Aprieta los puños.)* Lucharía contra esa mujer hasta que él volviese a ser completamente mío. Sí, eso haría. *(Se ha puesto pálida y no se atreve a mirar a MICHETTE.)*

MICHETTE: ¿Qué haría? ¿Mataría a esa mujer?

CLAIRE-MARIE: Desearía que estuviera muerta, rezaría para que se muriese. *(Va hacia MICHETTE, quien retrocede dos pasos y se inclina hacia atrás como si temiese ser atacada.)*

MICHETTE: ¿Qué… quiere usted?

CLAIRE-MARIE: *(Se detiene, tranquila.)* ¿Cómo? No la he entendido.

MICHETTE: *(Confusa.)* No he dicho nada.

CLAIRE-MARIE: Voy a cambiarme. Este vestido me pesa. ¿Quiere esperarme? Podemos ir a pasear juntas, si a usted le apetece.

MICHETTE: Oh, por supuesto.

CLAIRE-MARIE: ¡Hasta luego, entonces! *(Sale. MICHETTE se ríe brevemente y con satisfacción. De detrás de la casa llegan unos de marineros con sierras, hachas, banderitas y farolillos. Entre ellos está PHILIPPE COLLARD.)*

MICHETTE: ¿Para qué es todo eso?

EL MARINERO MÁS VIEJO: El capitán nos ha dicho que levantemos aquí un escenario.

MICHETTE: Ya no es necesario.

EL MARINERO: Pero el capitán nos ha pedido…

MICHETTE: Yo ya no quiero. Dile que yo ya no quiero. *(Ve a PHILIPPE COLLARD; señalándolo.)* ¿Qué busca aquí ese hombre? ¿Qué busca usted aquí?

PHILIPPE: Traigo los farolillos. Creo que quedarán bonitos si se ponen en los árboles de alrededor.

MICHETTE: Sí, puede ser. Cuélguelos. Es buena idea. No necesito un escenario. *(A los otros.)* Podéis iros. Buenas tardes. *(Salen todos excepto MICHETTE y PHILIPPE, quien comienza a trabajar de inmediato. MICHETTE lo observa desde la escalera.)*

MICHETTE: Es usted un magnífico decorador. Tiene buen gusto. *(PHILIPPE deja caer los brazos y respira profundamente.)* Hace calor. ¿Está cansado?

PHILIPPE: No tengo fuerza en los brazos.

MICHETTE: Si está cansado, llame a alguien para que haga el trabajo.

PHILIPPE: No, quiero quedarme aquí. He venido para verla a usted.

MICHETTE: ¿Y por qué quiere verme?

PHILIPPE: *(En voz baja.)* Ayer por la noche fue usted mi amante.

MICHETTE: ¿Está usted soñando? ¿Está usted loco? *(Se acerca a él.)* Tengo que preguntarle al marqués si entre su gente no hay alguien que cree haberse tragado al Sol y haberse metido la Luna en el bolsillo.

PHILIPPE: Al señor marqués no le puede preguntar eso porque él nos vio.

MICHETTE: ¿El… marqués?

PHILIPPE: Sí. Eso es lo que quería decirle. A eso de la medianoche, el señor marqués salió de la casa, se acercó a mí y me maldijo.

MICHETTE: ¿Y después?

PHILIPPE: Me quedé aterrado. Él sonrió y regresó a la casa.

MICHETTE: ¿No le golpeó, ni intentó estrangularlo, ni nada de nada?

PHILIPPE: Creo que no se atrevió.

MICHETTE: *(Soltando una carcajada.)* ¿Cómo? ¿Que no se atrevió? ¿Pero qué eres tú para él? Un trozo de madera, un puñado de tierra, una eyección de lo más ínfimo. Pero él es un marqués, ¿lo entiendes? Tienes que inclinarte ante él. Quizá pensó que te tengo a ti por un igual y que por eso estábamos juntos. Pero le diré que no es así. Mira, tan baja opinión tengo de ti que se lo diré al marqués. No pienses que unos fugaces minutos puedan dar ocasión a una aproximación o a la confianza. Yo nunca perteneceré a tu clase. No puedo caer tan bajo como para haber sido tu amante.

PHILIPPE: Y, sin embargo, yo nunca olvidaré que hubo unos minutos en los que perdí de vista la gran tarea para la que estoy encomendado y durante los que solo pensé en dejarme caer entre sus brazos pecadores.

MICHETTE: Discursos de párroco... ¿Tienes ahí tu Biblia?

PHILIPPE: Sí.

MICHETTE: ¿Hoy la leerás?

PHILIPPE: Sí.

MICHETTE: Primera bailaré y después leerás y pronunciarás un discurso. Dime: ¿ya no me amas?

PHILIPPE: No. Pero te redimiré.

MICHETTE: *(Sonriendo.)* Eres un tipo original. Cuando muera, todo mi patrimonio será para ti.

*(BRANGUIN entra por la derecha, bañado en sudor, con un gran ramo de flores y plantas exóticas.)*

BRANGUIN: Buenas tardes, Michette. Vengo de la cumbre.

MICHETTE: ¿Has vuelto a subir?

BRANGUIN: Sí. Quiero hacerlo todos los días. Es una buena manera de quitarse los malos jugos del cuerpo. Y le he traído esto a nuestro marqués. Quizá esté ahí su deseada flor. *(A PHILIPPE.)* ¿Sería tan amable de llevar estas flores al cuarto del señor marqués, por favor? *(PHILIPPE sale con el ramo.)* ¿De qué tienes que hablar con ese hombre? ¿No tienes otra manera de entretenerte?

MICHETTE: *(Echándose en la tumbona.)* Me ha estado hablando de sus viajes marinos.

BRANGUIN: ¿Ah, sí? ¿Y ha hecho muchos hermosos viajes marinos?

MICHETTE: ¿Qué te pasa? ¿Estás celoso?

BRANGUIN: *(Sentándose a su lado.)* Cuando alguien arde de deseo… *(Inclinado sobre ella.)* ¿Por qué no dejas abierta la puerta de tu dormitorio?

MICHETTE: *(Apartándolo.)* ¡Para, Branguin!

BRANGUIN: Cuando estoy sentado tan cerca de ti, soy peligroso.

MICHETTE: Pues siéntate más lejos.

BRANGUIN: Sí. *(Se pone de pie y la observa.)* Unos hombros como los tuyos solo se pueden encontrar en los cuadros de Botticelli. ¿Por qué tu dormitorio está toda la noche cerrado con llave?

MICHETTE: Para que no entre ningún ladrón.

BRANGUIN: Pero el marqués entra porque aparta un tablón de la pared.

MICHETTE: Oh...

BRANGUIN: Un mecanismo muy ingenioso. Una vez intenté colarme por ahí, pero no soy tan delgado como el marqués.

MICHETTE: Estás desvariando.

BRANGUIN: Michette, ¿no he estado siempre ante la puerta tras la cual te entregabas a otros? Me he arrodillado ante tu puerta y te he maldecido... Ah, Michette, mi amor por ti es el más fabuloso acontecimiento del siglo.

MICHETTE: Qué aburrido es este siglo.

BRANGUIN: Eres un ser depravado e ingrato. Me arruinas a mí, a todos, al mundo. Se debería erigir un monumento a quien se deshaga de ti.

Michette: ¡Así es como me gustas, Branguin, tan brutal! Ese es tu verdadero rostro. ¡Nada de finezas y cultura, nada de todo eso de lo que tan orgullosos estáis! ¡Tengo que estar feliz de que se me haya permitido desenmascararos!

BRANGUIN: *(Enfurecido.)* Besaría la mano de tu asesino, pondría una corona de laurel sobre sus rizos...

MICHETTE: ¿Crees que tendrá el pelo rizado?

BRANGUIN: *(Cambiando de tono.)* ¿Cómo voy a saberlo? *(PHILIPPE aparece de nuevo y se pone a colgar farolillos.)*

BRANGUIN: *(Señalándolo.)* ¿Para qué es eso?

MICHETTE: Para esta noche...

BRANGUIN: ¿Actúas?

MICHETTE: Sí... *(Trágica.)* El asesino del pelo rizado.

BRANGUIN: ¡Déjate de bromas, Michette!

MICHETTE: ¿Tú no vas a actuar? ¿O a cantar o bailar?

BRANGUIN: No, porque será terrible. ¿No lo ves? La oscuridad alrededor y la pálida luz de los farolillos… Y tú bailando… Y nosotros viendo cómo se cimbrea tu cuerpo… Y el calor… Y el deseo, la lascivia acumulada en nosotros durante semanas… Y saber que solo perteneces a uno… ¿En qué acabará todo eso?

MICHETTE: *(Irguiéndose.)* Hoy quiero ser de *todos*. *(BRANGUIN abre la boca como si estuviese a punto de desmayarse, solo consigue emitir un grito ronco y extiende los dedos.)* ¡Acércate! Esta noche, el hombre que está colgando los farolillos pronunciará un sermón. Seguro que hace mucho que no has oído a un sacerdote. Hoy lo escucharás, y cuando estés lo suficientemente preparado y purificado, dímelo y yo te regalaré lo último que necesitas para ser feliz.

BRANGUIN: *(Inclinándose sobre ella.)* ¿Lo dices en serio?

MICHETTE: ¿Cuántas veces me has besado, Branguin?

BRANGUIN: Ni una sola vez.

MICHETTE: Pues bésame ahora.

BRANGUIN: *(Mira a su alrededor.)* Me parece que ese hombre está escuchando cada palabra que dices.

MICHETTE: *Tiene* que oírlas. Debe tener un tema sobre el que hablar esta noche. ¿Es que no quieres besarme?

BRANGUIN: ¿Delante de él?

MICHETTE: *(Enfadada.)* ¡Quítate la máscara!

BRANGUIN: Te beso en la frente. *(La roza levemente.)* Y ahora me marcho.

MICHETTE: ¿Qué te pasa?

BRANGUIN: *(Incómodo.)* Nada. Adiós. *(Sale por la izquierda.)*

MICHETTE: Phillip Collard, ¿ha oído lo que he hablado con el señor que acaba de irse?

PHILIPPE: Sí.

MICHETTE: ¿No has sentido celos?

PHILIPPE: No. ¡Dolor!

MICHETTE: ¡Eso ya *son* celos! *(PHILIPPE se encoge de hombros.)* Bien. Eso es lo que quería: hacerte daño. *(HENRI MARLETTE llega desde la izquierda.)* ¡Hola, Henri! (*Le tiende la mano y la mantiene apretada mientras habla con* PHILIPPE.) ¡Quédese por aquí cerca para que esté en el momento oportuno!

PHILIPPE: Sí.

MICHETTE: Nada más. Adiós. *(PHILIPPE se marcha tras hacer una profunda reverencia.)*

MICHETTE: Hola de nuevo, pequeño Henri. *(Suelta su mano.)* ¿Herborizando?

HENRI: Sí. Lamentablemente, el señor marqués sigue sin estar satisfecho. Aún no hemos encontrado la flor que está buscando. Creo que no existe.

MICHETTE: Dígame, ¿cómo sería?

HENRI: Un tipo de orquídea. De color azul oscuro, como terciopelo azul. Y sus flores son el doble de grandes que las de las orquídeas comunes. En realidad, yo tampoco tengo una idea precisa. ¿Le interesan las flores?

MICHETTE: Mucho, Henri.

HENRI: Entonces, algo deberá saber de la estructura de las plantas, de los pistilos y los estambres, del crecimiento y la polinización. ¿Sabe usted algo de todo eso?

MICHETTE: No. Eso tendrá que enseñármelo usted.

HENRI: *(Disertando con entusiasmo.)* Entre las flores hay también lo que podrían llamarse hombres y mujeres. Sí, así es. Y cuando usted, por ejemplo, los estambres... *(Se interrumpe, saca un pañuelo y se seca la boca.)*

MICHETTE: Henri, ¿por qué se ha puesto colorado? Es usted tan joven...

HENRI: Le hablaré de todo eso en otra ocasión. Hoy, no. Estoy demasiado distraído. Mire, por eso también he olvidado devolverle su brazalete. Aquí está. *(Se lo da.)*

MICHETTE: ¿Qué desea usted como recompensar por haberlo encontrado?

HENRI: Nada.

MICHETTE: ¿No tiene ningún deseo que yo pueda colmar?

HENRI: *(Pensando; a continuación, sonriendo.)* No, no tengo ningún deseo.

MICHETTE: Henri, eso es imposible.

HENRI: Tendría un deseo, pero... Este brazalete... Cuando lo miro antes de irme a dormir, siempre me recuerda a una princesa egipcia y entonces mi fantasía teje los más maravillosos sueños...

MICHETTE: ¿Quiere quedárselo?

HENRI: Me gustaría, pero me parece que es demasiado valioso, y debo decirle que no puedo pagarlo.

MICHETTE: Henri, se lo regalo. *(Le devuelve el brazalete.)*

HENRI: *(Lo coge.)* ¡Querida señora...!

MICHETTE: ¿Y además de en la princesa egipcia no ha pensado usted nunca en mí?

HENRI: ¿En usted?

MICHETTE: Bueno, quiero decir… Hay mucha gente que piensa en mí, ¿verdad? Soy una actriz famosa. Mi retrato está en los escaparates, en las revistas, y algunos piensan que sería una suerte conocer a esa actriz, estar con ella.

HENRI: Sí. Eso es cierto. Cuando todavía estudiaba en el colegio, coleccionaba fotografías de actrices.

MICHETTE: *(Riendo.)* Es usted un encanto. ¿Y no ha elegido una amada entre esas actrices?

HENRI: Las quería a todas. Ah, era una tontería tremenda.

MICHETTE: ¿Una tontería? Esas son las cosas más serias que hay en la vida, ¿no?

HENRI: No. Usted disculpe, pero la ciencia es algo *aún* más serio.

MICHETTE: ¿Ah, sí? *(Pensando; después de un momento.)* ¿También la religión?

HENRI: Sí.

MICHETTE: Henri, ¿cree usted que un día seremos redimidos de nuestros pecados?

HENRI: No podría decir que creo algo tan concreto. Sí *creo*, pero en la escuela, en los últimos tiempos, todos nos convertimos más o menos en panteístas, es decir, nuestra fe se ha liberado de lo objetual y se ha convertido más en poesía, en interioridad, en apreciación del todo. No sé si se lo estoy explicando bien.

MICHETTE: Vea usted, Henri, yo creo firmemente que pronto sucederá un cambio radical en el mundo. Me lo han dicho.

HENRI: Eso solo se lo pudo haber dicho una echadora de cartas.

MICHETTE: Nada de eso. Me lo ha dicho... ¿Qué es eso? *(HENRI está buscando apresuradamente en su bolsillo, saca una cajita y coge una oblea.)*

HENRI: Son polvos. Contra las palpitaciones del corazón.

MICHETTE: ¿Padece de palpitaciones? ¿Por qué tiene palpitaciones justo ahora?

HENRI: No lo sé. Hace mucho calor.

MICHETTE: Cuando sufre esas palpitaciones, ¿no siente usted miedo?

HENRI: ¿A qué?

MICHETTE: A morir.

HENRI: *(Sonriendo desesperadamente.)* Ah, querida señora, morir... Sí, tengo miedo, lo ha adivinado. Conoce bien el alma humana. Pero no tengo miedo a morir. Solo tengo miedo de no haber disfrutado lo suficiente de la vida cuando me llegue la hora de morir. Sí, es eso.

MICHETTE: Pobre Henri... *(Le acaricia la mano.)*

HENRI: No hablemos de eso. No me hace bien.

MICHETTE: ¿De verdad? Le ruego que me disculpe. Solo quiero decirle que soy de su misma opinión. Hay que disfrutarlo todo antes de morir, todo, todo. Pero entonces uno no puedo titubear ante la muerte, porque de lo contrario el magnífico placer se convierte en asco. Llegado ese momento, uno no puede titubear. Y volviendo a sus flores: ¿las hay venenosas, aquí?

HENRI: Sí, y muy venenosas, de hecho.

Michette: ¿Me las puede enseñar?

HENRI: Por supuesto. ¿Ahora?

MICHETTE: ¿Hay alguna por aquí cerca?

HENRI: Sí. Conozco todos sus lugares preferidos.

Michette: Las flores venenosas tienen un encanto especial para mí. Eso de que solo sea necesario ponerlas en la boca y masticarlas parar morir… ¿Verdad que con solo masticarlas uno se muere?

HENRI: *(Algo apocado.)* Sí. Cuando el veneno llega a la lengua, entonces…

MICHETTE: ¿Se muere uno rápidamente?

HENRI: Depende. Cuanto más fuerte es el veneno, más rápida es la muerte.

MICHETTE: Debe enseñarme las que tienen el veneno más fuerte. ¿Por qué me mira así? ¿Vuelve a tener palpitaciones?

HENRI: Solo un poco.

MICHETTE: *(Levantándose.)* No quiero seguir hablando de la muerte, pobre Henri. Pero no puede decirle a nadie que me ha enseñado las flores venenosas. Y como recompensa recibirá usted… ¿Qué cree usted que voy a regalarle?

HENRI: Hoy ya me ha regalado su brazalete.

MICHETTE: Quiero regalarle algo más. *(Susurrando.)* Para recibir su recompensa tiene que besarme. ¡No se asuste! ¿Tan terrible es lo que le he dicho?

HENRI: No quiero comprometerla.

MICHETTE: ¡De verdad que es usted un niño, Henri! No me besará porque soy su amada, sino porque… es un beso de despedida, Henri. Sí. Y ahora tengo que volver a hablar de la muerte. Sea fuerte y deje de temblar: he decidido quitarme la vida.

HENRI: *(Lloroso.)* Se lo ruego, querida señora…

MICHETTE: Mi vida ya no vale nada para mí. Hay hombres tan buenos y corazones tan puros que eso me lleva a la desesperación. Ah, Henri, crea usted que me gustaría mucho vivir, pero desde ayer, no sé cómo ni por qué, todo se ha vuelto para mí insípido y vacío. Por eso tiene que enseñarme las flores venenosas.

HENRI: *(Arrodillándose ante ella y suplicando.)* Eso es imposible, señora.

MICHETTE: *(Levantándolo.)* ¡Henri, sea fuerte!

HENRI: ¿Por qué me ha dicho todo esto?

MICHETTE: A alguien tenía que decírselo. De lo contrario, quizá jamás llegaría a materializar mi decisión. ¡Y ahora enséñeme las flores!

HENRI: No.

MICHETTE: *(Coge su brazo.)* Henri, creo que es usted un joven razonable. Y sabe lo que le he prometido como recompensa, ¿verdad?

HENRI: *(Balbuceando.)* Me está volviendo loco.

MICHETTE: Es un hombre. No tiemble. *(Salen por la derecha. Poco después llegan, desde la izquierda, BRANGUIN y el conde FELICIEN.)*

BRANGUIN: Ella misma tendrá que repetírselo a usted. Entonces me creerá. ¿Dónde está? ¡Michette! Estaba justo aquí.

FELICIEN: *(Señalando hacia la derecha.)* Por ahí va, hacia el árbol del pan, con Henri Marlette, cogidos del brazo. ¿Los ve?

BRANGUIN: Claro que los veo. ¿Los seguimos?

FELICIEN: No. Sería una curiosa situación, ¿no? ¡Ja, ja! Usted y yo, a la derecha y a la izquierda, y con Henri Marlette, ¿eh? ¿Dónde lo ponemos? ¿Y Saville?

BRANGUIN: Compartiremos como buenos amigos.

FELICIEN: Gracias. Yo no comparto. Demasiado peligroso para mí.

BRANGUIN: Por supuesto, el marqués habrá de estar enterado. ¿Y puede oponerse, si Michette quiere? Michette no es su mujer y, vista desde ahí, nuestra actual situación es tan precaria que requiere una cuidad reflexión.

FELICIEN: Ahí está François. *(FRANÇOIS aparece en la terraza y mira a su alrededor.)*

BRANGUIN: *(A FELICIEN, en voz baja.)* Preste atención; ahora será usted testigo de mi segundo triunfo de hoy.

FRANÇOIS: *(Baja la escalera.)* ¡Buenas tardes, Felicien! ¡Buenas tardes, Branguin!

BRANGUIN: *(Rápidamente.)* Sé dónde está Michette. Allí. *(Señala en aquella dirección.)* Ya no se ve. Va al árbol del pan con Henri Marlette. Cogidos del brazo. ¿Verdad, conde Felicien?

FRANÇOIS: ¿Con Henri Marlette?

BRANGUIN: Henri Marlette parece un joven muy ameno.

FRANÇOIS: Está tan bien educado como es posible en las actuales circunstancias.

BRANGUIN: A mí me gusta su discreción, hay algo noble en eso.

FRANÇOIS: *(Sin especial énfasis.)* ¿Le parece? Sí, Henri es un tipo especial. Quizá esté destinado a algo grande.

BRANGUIN: Sí, y yo quería decir, señor marqués, que nosotros somos hombres libres, pensamos con libertad, vivimos libremente, vivimos en una isla en medio del océano...

FRANÇOIS: ¿Lo que dice está en alguna obra de teatro?

BRANGUIN: Podría ser. ¿Por qué no?

FELICIEN: ¡Ja, ja! Es una introducción. Branguin quiere decirle algo delicado y no sabe cómo empezar. Creo que le da vergüenza.

BRANGUIN: No me da ninguna vergüenza.

FRANÇOIS: ¿Qué quiere decirme?

FELICIEN: Un disparate espeluznante.

BRANGUIN: Eso no es verdad.

FELICIEN: ¿Para qué discutir por fruslerías? Voy a por mi caña de pescar. Quien quiera acompañarme, es bienvenido. *(Entra en la casa por la izquierda.)*

FRANÇOIS: ¿Es cierto que tiene algo que decirme?

BRANGUIN: Sí. *(Se abrocha la chaqueta.)* Me he permitido enamorarme de una dama que está aquí entre nosotros, pero, para decirlo de alguna manera, soy inocente: culpable es la naturaleza, que me ha impelido a desatender, a pisotear todas las reglas de la cortesía y la hospitalidad...

FRANÇOIS: *(Un poco intranquilo.)* Y ahora se pone a mi disposición. Felicien tenía razón: esto es absurdo.

BRANGUIN: No era mi intención ponerme a su disposición, pero si es necesario, estoy preparado para rendir cualquier satisfacción.

FRANÇOIS: No es necesario, Branguin. ¿Por qué el honor habría de negar lo que desea la naturaleza? Todo se arreglará de la manera más amistosa.

BRANGUIN: Opino lo mismo.

FRANÇOIS: Me basta con que me diga si su amor se ha visto correspondido. No se enfade conmigo por esta pregunta.

BRANGUIN: ¿Correspondido? De la *mejor* manera, señor marqués.

FRANÇOIS: Tiene suerte, querido.

BRANGUIN: Sí, tenemos suerte. Compartiremos con equidad.

FRANÇOIS: ¿Compartir? ¿Ha dicho «compartir»?

BRANGUIN: No, no ha dicho eso. Eso lo digo *yo*. Es solo para que nadie se sienta perjudicado. Nadie ha de tener más derechos que los demás.

FRANÇOIS: Oh, no, Branguin. Esas son bellas fantasías, pero la realidad no es así. Es digno de alabanza que ponga las cartas sobre la mesa, y le agradezco la confianza. No puedo pedir más de usted. ¡Sea usted el único que disfrute de mi mujer!

BRANGUIN: *No* se trata de la señora marquesa.

FRANÇOIS: Entonces, ¿de quién?

BRANGUIN: De Michette.

FRANÇOIS: *(Casi gritando.)* ¿Michette? ¿Es eso cierto, Branguin?

BRANGUIN: No la señora marquesa, sino Michette. Quiere ser mi amante. *Quiere*, lo ha dicho ella, ser no solo mi amante, sino la de todos nosotros. Le juro que lo ha dicho. La naturaleza exige obediencia. Le pongo al tanto de la delicada situación en la que nos encontramos y…

FRANÇOIS: ¡Basta, Branguin! Está bien.

BRANGUIN: Sí, señor marqués.

FRANÇOIS: *(Como para sí.)* Michette Carlin es una mujer monstruosa.

Branguin: En efecto, lo es, lo es. Me alegro de que nuestras opiniones coincidan tan bien y que no discutamos sobre este punto.

*(Aparece el conde Felicien con su caña de pescar.)*

Felicien: ¿Quién viene conmigo?

Branguin: Yo.

Felicien: Bien, ¡pues dese prisa! *(Sale por la izquierda.)*

Branguin: *(Le tiende la mano a François y este la ignora.)* Nos separamos como amigos. *(Sigue a Felicien. François se sienta y suspira cansado. Se da golpecitos con los dedos en la rodilla. Claire-Marie aparece en la terraza. Se ha cambiado de vestido. Baja corriendo la escalera mientras llama: «¡Señorita Carlin! ¡Michette!».)*

François: ¿Qué quieres de la señorita Carlin?

Claire-Marie: *(Mirándolo.)* Ah, estás ahí... Michette me ha prometido que me esperaría para dar un paseo.

François: ¡No digas «Michette»! Aún no estáis al mismo nivel como para...

Claire-Marie: ¡Oh, no! Ella es la amante de mi marido. Entre todas las mujeres, es la que más cerca está de mí.

François: Quieres sorprenderme al mostrar que tú sola has descubierto que es mi amante. Pero no estoy sorprendido. Estoy feliz de que lo sepas y de que yo no haya tenido que decírtelo. Así pues, tengo una amante. ¡Organiza tu vida en consecuencia! Mientras dure este amor, yo no estoy para ti. Nunca me he opuesto a que nos separásemos. Al contrario, creo que es lo mejor.

Claire-Marie: Puede pasar de repente algo que te haga cambiar de opinión, François, y entonces...

FRANÇOIS: ¿Qué puede pasar?

CLAIRE-MARIE: Que te hagas consciente del pantano en el que te has metido y que asqueado te apartes de quien mancilla tu nombre. Y que corras a mí y que desees de todo corazón que yo sea la madre de un hijo que lleve el nombre de esta familia y que vuelva a elevarlo y a rodearlo de gloria.

FRANÇOIS: Cuando hablas de esa manera, alguien podría pensar que persigues una alta meta. Pero yo te conozco. Y te aconsejo que no hagas mal uso de tus renovadas fuerzas. Vuelves a estar sana: da las gracias a tu Dios, siéntete satisfecha y quédate en el estrecho círculo al que perteneces. Madre de un hijo: ¿sabes qué significa eso? ¿Un hijo mío? ¿Te haces una idea de la responsabilidad con la que cargarías? *(Escucha hacia la derecha.)* ¿Quién viene corriendo entre la maleza? *(HENRI MARLETTE, con signos de excitada alegría, llega corriendo, sin verlos, a la terraza.)*

FRANÇOIS: *(Yendo hacia él y llamándolo.)* ¡Henri!

HENRI: *(Sin aliento.)* ¡Buenas tardes, señora! ¡Buenas tardes, señor marqués!

FRANÇOIS: ¿Por qué te reías mientras pasabas corriendo a nuestro lado?

HENRI: No me he reído.

FRANÇOIS: Digamos que has sonreído.

HENRI: No sé de qué me habla.

FRANÇOIS: Me pareció que sonreías. ¿Por qué has vuelto a correr?

HENRI: Yo… quiero entrenar mi corazón.

FRANÇOIS: Habría sido mejor que te hubieses sentado tranquilamente porque acabamos de hacer un largo camino. ¿Has ido muy lejos?

HENRI: No, no muy lejos. A un par de pasos de aquí.

FRANÇOIS: ¡Cómo te brillan los ojos!

HENRI: *(Estremeciéndose.)* Me ha deslumbrado el sol. Hoy el sol brilla con mucha fuerza.

FRANÇOIS: *(A CLAIRE-MARIE.)* ¡Disculpa un momento! *(Va con HENRI hacia el frente. Bajando la voz.)* Me gustaría preguntarte si te encuentras bien.

HENRI: Sí, señor marqués. Pero creo que no es necesario que me controle constantemente.

FRANÇOIS: Le prometí a tu madre…

HENRI: No tenía por qué haberle prometido nada a mi madre.

FRANÇOIS: Henri, te pido que te expreses de manera más comedida. Quiero lo mejor para ti. No quiero que hagas un sobresfuerzo ni que te metas en nada que pueda excitarte.

HENRI: ¿Qué podría excitarme?

FRANÇOIS: ¡Dejemos eso! ¿Irás ahora a tu cuarto a ordenar las plantas?

HENRI: Sí.

FRANÇOIS: Más tardé iré a ayudarte. Espera. ¿Por casualidad no habrás visto a la señorita Carlin?

HENRI: *(Dudando.)* No. No sé dónde está.

FRANÇOIS: ¿No la has visto?

HENRI: No. No la visto en todo el día.

FRANÇOIS: Gracias. ¡Adiós, Henri! *(HENRI sale por la izquierda. FRANÇOIS se queda quieto, como hechizado.)* Es increíble. Ahí estaba yo y él estaba delante de mí y le hice una pregunta clara y sencilla y me mintió, me mintió a la cara. ¿Quién es el culpable de esto? ¿La educación, o la herencia genética, o alguna mujer, una cualquiera, sin escrúpulos? Te lo digo: hay que armarse de valor para no sucumbir aquí.

CLAIRE-MARIE: ¿De qué estás hablando?

FRANÇOIS: ¡Yo qué sé! ¡Apártate de mi camino, escóndete! ¿O todavía tienes ganas de ser madre? ¡Maldigo a todas las que quieren ser madres!

CLAIRE-MARIE: François, me estás asustando. ¿Qué ha pasado? ¿De qué hablas?

FRANÇOIS: ¿De qué? De Henri Marlette.

CLAIRE-MARIE: ¿Cómo? ¿Qué...?

FRANÇOIS: Me ha mentido. Me ha mentido en toda la cara.

CLAIRE-MARIE: Él no entiende nada, François. Es un niño.

FRANÇOIS: *(Con una carcajada estridente.)* ¡Henri Marlette! Si tú supieses de quién es hijo... Quiero decirte algo al oído. Hay que decirlo en voz muy baja. *(Le susurra algo. CLAIRE-MAIRE lo mira boquiabierta.)*

FRANÇOIS: Una pequeña novela, un fragmento del destino; le puede pasar a cualquiera, es algo que sucede a diario. Por lo demás, puedo adivinar por qué estás tan terriblemente impresionada. Ves que el joven está como hecho para llevar el nombre de su padre. Son casi idénticos. Cuando regresemos a París quizá haga que lleve el nombre de su padre. Honrará a esta familia. ¿No crees?

CLAIRE-MARIE: *(Suplicando.)* François...

FRANÇOIS: *(Poniéndose en marcha.)* Espero que hayas renunciado al deseo de tener un hijo mío. *(CLAIRE-MARIE rompe a llorar. FRANÇOIS quiere ir hacia ella, pero se detiene a medio*

*camino, niega con la cabeza y se da la vuelta. Sale por la derecha.*
*CLAIRE-MARIE se aprieta la frente con un pañuelo y, confundida,*
*mira a su alrededor. Se sienta y vuelve a sufrir un ataque de*
*llanto. Entonces suena a lo lejos un estallido apagado, como de un*
*disparo. CLAIRE-MARIE se yergue, mira hacia fuera, a la derecha,*
*y, a continuación, hacia la izquierda.)*

CLAIRE-MARIE: *(Pálida y angustiada.)* ¡François!
¡François! *(SAVILLE aparece saliendo de detrás de la casa.)* Señor
Saville, ¿no ha oído un disparo?

SAVILLE: Sí.

CLAIRE-MARIE: ¿Quién puede haber disparado aquí?

SAVILLE: Bueno, Branguin, o el conde, o el señor marqués. Seguro que el resultado será algo para la cena.

CLAIRE-MARIE: ¿Cree usted que han disparado a un animal?

SAVILLE: Aquí no hay salvajes.

CLAIRE-MARIE: Tiene razón. De repente he tenido miedo, no sé por qué.

SAVILLE: Me quedaré con usted, si me lo permite.

CLAIRE-MARIE: Sí, quédese. *(Se echa en la tumbona.)* Pa-
saré el día así.

SAVILLE: *(Acercando una silla.)* Me siento feliz cuando
puedo estar cerca de usted.

CLAIRE-MARIE: ¿Querrá leerme algo en voz alta? Como
entonces, en el barco, cuando estaba enferma.

SAVILLE: Sí, encantado.

CLAIRE-MARIE: Traiga un volumen de Maeterlinck. Ya
sabe dónde están mis libros. *(Sale SAVILLE. No tarde en regresar*
*con un libro.)*

SAVILLE: *Pelleas y Melisande.*

CLAIRE-MARIE: Bien. ¡Empiece! *(SAVILLE empieza a leer la primera escena.)*

CLAIRE-MARIE: *(Interrumpiéndolo después de un rato.)* Hoy lee de manera monótona, sin entonación.

SAVILLE: Así está en la obra.

CLAIRE-MARIE: Pero detrás de esto debe haber alguna pasión contenida. *(SAVILLE sigue leyendo.)*

CLAIRE-MARIE: *(Vuelve a interrumpirlo.)* ¡Si por lo menos supiera quién ha disparado!

SAVILLE: *(Observándola por encima del libro.)* ¿Por qué le interesa eso?

CLAIRE-MARIE: No lo sé. Una especie de nerviosismo se ha apoderado de mí.

SAVILLE: *(Pensativo.)* Creo que uno está nervioso cuando espera algo que al mismo tiempo desea y teme.

CLAIRE-MARIE: ¿Usted siempre está tranquilo, Saville?

SAVILLE: Sí, siempre.

CLAIRE-MARIE: Los hombres tranquilos no tienen experiencias.

SAVILLE: No, querida señora. Solo estos hombres están agradecidos a las experiencias.

CLAIRE-MARIE: *(Tras una pausa.)* ¡Siga leyendo!

*(En ese instante aparece FRANÇOIS por la derecha. Adopta una postura tensa, casi forzada, y se frota continuamente las manos.)*

FRANÇOIS: Ah, qué bien. Saville está leyendo para ti. ¡Lea, lea usted, Saville!

CLAIRE-MARIE: ¿No has oído un disparo, François?

FRANÇOIS: *(Chistoso, pero sin mirar a su mujer.)* Sí, aquí se dispara mucho. Por puro aburrimiento.

CLAIRE-MARIE: ¿Por qué te frotas las manos?

FRANÇOIS: ¿Las manos? Una nueva costumbre. ¿Usted no se frota las manos de vez en cuando, Saville? Pero a lo que venía: hoy tenemos que vestirnos de fiesta. La señorita Carlin ha organizado una fiesta de cumpleaños. Ahí cuelgan ya los farolillos. ¿Qué les parece? La señorita Carlin es incansable, sí. Ahora sigua leyendo, Saville. No quiero molestar. Adiós. *(Sale rápidamente. SAVILLE comienza de nuevo a leer. CLAIRE-MARIE pone su cabeza bajo un brazo. Sus hombros no tardan en empezar a temblar.)*

SAVILLE: *(Desconcertado.)* Señora marquesa… Está usted llorando…

CLAIRE-MARIE: *(Secándose las lágrimas.)* Es solo que… No me haga caso, Saville.

SAVILLE: Algo le hace sufrir. *(CLAIRE-MARIE niega con la cabeza.)* Dígamelo. ¿Es su marido?

CLAIRE-MARIE: ¡Por favor, no…!

SAVILLE: *(Levantándose y con cierta pasión.)* La entiendo, querida señora. Puedo ponerme en su lugar. Soy el único que la entiende.

CLAIRE-MARIE: ¡Déjelo, Saville! Es usted un buen hombre.

SAVILLE: Pero no soy un filisteo.

CLAIRE-MARIE: Ah, tengo la sensación de que usted es uno de los muchos que solo tiene lo malo en la boca y que sin embargo pertenecen al grupo de los hombres decentes. Creo que hoy es muy difícil ser realmente vil. La gente calcula demasiado y es demasiado poco alocada.

SAVILLE: Pero hay poetas que...

CLAIRE-MARIE: A los actuales poetas se les puede leer en las mejores familias.

*(En ese momento se oye un grito lejano, a continuación otro y otro más. Los gritos son cada vez más largos y se van acercando hasta convertirse en un horrible rugido.)*

CLAIRE-MARIE: *(Poniéndose súbitamente en pie.)* ¿Qué es eso?

SAVILLE: ¿Quién grita?

CLAIRE-MARIE: *(Señalando hacia la derecha.)* Por ahí viene... Un marinero.

SAVILLE: ¿Pero ese hombre se ha vuelto loco?

*(Se acercan a la derecha. Pero CLAIRE-MARIE da un grito, gira hacia la izquierda, cae de rodillas y se tapa el rostro con las manos. PHILIPPE COLLARD entra por la derecha: lleva sobre los hombros el cadáver de MICHETTE. Al verlos, PHILIPPE se queda en silencio. Respira agitadamente, sus ojos están hinchados y el pelo, desordenado. Deja el cadáver en la tumbona.)*

SAVILLE: *(Se acerca corriendo.)* ¿Pero qué... qué ha pasado?

PHILIPPE: *(Con voz ronca.)* Voy a buscar al doctor. *(Sale.)*

SAVILLE: ¡Dios mío, esto es terrible! ¡Señora marquesa!

CLAIRE-MARIE: *(Levantándose lentamente, quejumbrosa.)* No puedo mirar. ¡Ayúdeme!

SAVILLE: *(Se acerca a ella.)* ¿Qué debo hacer?

CLAIRE-MARIE: *(Temblando.)* ¿Vive?

SAVILLE: Sí. Creo.

CLAIRE-MARIE: *(Calmándose.)* ¡Lléveme a su lado! *(SA-VILLE obedece. CLAIRE-MARIE se arrodilla, llorando, ante el cadáver.)* Está muerta.

SAVILLE: ¿Pero dónde está el doctor?

CLAIRE-MARIE: Mire qué paz hay en sus rasgos.

SAVILLE: No hay nada que hacer.

CLAIRE-MARIE: *(Cada vez más recompuesta.)* Tengo una horrible sospecha, Saville. Creo que se ha suicidado.

SAVILLE: ¿Suicidado?

CLAIRE-MARIE: Aquel disparo… Y mire las sienes. ¡Eso es sangre!

SAVILLE: ¡Un suicidio! ¡Sangre! *(Desde la izquierda llegan el DOCTOR ROSNY y PHILIPPE COLLARD.)*

SAVILLE: ¡Doctor, un suicidio!

*(El DOCTOR se acerca al cadáver y lo examina. Inmediatamente llegan BRANGUIN, el conde FELICIEN y el CAPITÁN. A continuación, FRANÇOIS. Gritos, horror, manos que se retuercen. Se colocan alrededor del cadáver. HENRI MARLETTE baja desde la terraza; se queda a un lado y mira fijamente al grupo.)*

DR. ROSNY: Tranquilidad, por favor. *(Ausculta el corazón. Tras una pausa.)* Muerta.

HENRI: *(Gritando, con convulsiones.)* ¡Yo no tengo la culpa! *(Agarra el brazo de FRANÇOIS.)*

FRANÇOIS: *(Acariciándole el pelo y la cara.)* No, claro que no… *(Lo conduce escaleras arriba.)* ¡Vete a tu habitación! ¿Entiendes? ¡Vamos! Aquí no tienes nada que hacer. *(Sale HENRI. FRANÇOIS, como disculpándose.)* Demasiadas impresiones y demasiado fuertes para el joven… En estos fatídicos momentos les ruego a todos que no pierdan la cabeza. Ha sucedido algo extraordinario. Algo que con mudo asombro leemos en periódicos y libros ha pasado ahora entre nosotros. *(Se interrumpe, parece tambalearse pero se agarra a la silla.)* Quédense a mi lado en este difícil momento en el que alguien a quien todos queríamos ha abandonado libremente la vida.

Dr. Rosny: *(Poniéndose en pie.)* No. Aquí no hay ningún suicidio. ¡Es un asesinato, señores, un asesinato! *(Todos se miran, aturdidos y empalidecidos.)*

François: Doctor…

Dr. Rosny: Lo he comprobado fehacientemente. Se trata de un asesinato.

François: *(Tranquilo.)* Que vengan todos los marineros. ¡Por favor, capitán, ocúpese de esto! Y que alguien lleve a la pobre Michette a su dormitorio. Por favor, caballeros, dentro de media hora vengan a buscarme; tengo algo que decirles. *(Entra en la casa por la izquierda. Los otros lo siguen o se dispersan. Salen todos excepto CLAIRE-MARIE.)*

Claire-Marie: *(Inclinada sobre el cadáver.)* ¿Qué has obtenido de la vida? ¿Quién sabrá nada de ti? Y yo vivo… vivo… todavía puedo seguir viviendo. *(Mira fijamente el cadáver.)*


Telón

## TERCER ACTO

*Noche. La habitación del* MARQUÉS: *un poco pequeña, pero equipada con todo tipo de comodidades y con lo habitual que se encuentra en una casa de campo: escritorio, sofá, estantería con libros, cama, etc. Al fondo, una puerta que da a un pasillo. A la izquierda, una puerta que da a otra habitación. A la derecha, una ventana con vistas al mar.*

(FRANÇOIS *va de la puerta a la ventana y de la ventana a la puerta. Lleva un pañuelo blanco sobre la frente que a veces humedece en el lavabo. El rostro se le contrae, nervioso, con frecuencia.* CLAIRE-MARIE *está sentada en un sillón y no aparta la vista de él.*)

FRANÇOIS: La investigación con los marineros no ha dado resultados. En el momento crítico estaban todos a bordo, con excepción de Philippe Collard, quien encontró el cadáver, pero este está fuera de toda duda porque, por una parte, estaba desarmado y, por otra parte, porque el capitán lo describe como un hombre de gran devoción y de intachable conducta.

CLAIRE-MARIE: Entonces, ¿todavía no se sabe nada? ¿No hay ningún punto de partida, ninguna pista?

FRANÇOIS: Nada.

CLAIRE-MARIE: Está bien así. De lo contrario sería muy fácil terminar condenando a un inocente.

FRANÇOIS: ¿Por qué?

CLAIRE-MARIE: Bueno, el doctor puede haberse equivocado, quizá solo se trate de un suicidio, ¿no?

FRANÇOIS: Sí. Completamente cierto. Yo incluso pienso que solo puede ser eso. *(Moja el pañuelo en el agua.)*

CLAIRE-MARIE: ¿Te duele mucho la cabeza?

FRANÇOIS: Ahora un poco menos.

CLAIRE-MARIE: ¿Te ha alterado mucho la conversación con tus amigos?

FRANÇOIS: ¿Por qué tendría que haberme alterado? ¿Acaso ahora lo estoy? Simplemente hemos decidido, siguiendo mi consejo, enterrar a la muerta aquí, en la isla.

CLAIRE-MARIE: Pero al menos habría que hacer una fotografía del cadáver.

FRANÇOIS: ¿Para qué?

CLAIRE-MARIE: Para que después la comisión judicial...

FRANÇOIS: ¿Qué comisión judicial? ¿Qué tiene que ver el juzgado con todo esto?

CLAIRE-MARIE: Aún hay que encontrar al asesino.

FRANÇOIS: ¡Mujeres! *(Riendo.)* ¡Mujeres! Te mueres de ganas de leer en la prensa sobre el proceso sensacionalista y de presenciar el ajusticiamiento del asesino. Bueno, si quieres, puedo conseguirte una entrada para asistir a la ejecución; tengo contactos con varios presidentes y fiscales. *(Se ríe, satisfecho de su broma.)* Por lo demás, también te digo que mis amigos y yo hemos decidido interpretar el fin de la señorita Carlin como un suicidio. ¿Entiendes? El doctor mismo ha dicho que podía estar equivocado, tal y como tú sospechabas. Lo mejor para todos es tener esto por un suicidio. Se elige lo más plausible y al hacerlo te tranquilizas a ti mismo y al mundo.

CLAIRE-MARIE: Pero yo nunca podré olvidar que en este suceso hay algo imposible de encontrar, algo poco claro.

FRANÇOIS: *(Irónico.)* Por supuesto, algo tiene que haber que sacuda vuestra histérica imaginación, no puede tratarse de cosas naturales. Querida, hay algunos candidatos al suicidio que hoy se ríen ante ti y que mañana aparecen tumbados sobre la verde hierba. ¿Qué hay de misterioso en eso?

CLAIRE-MARIE: Dime, François, ¿no puede ser uno de tus amigos el asesino?

FRANÇOIS: *(Visiblemente asustado.)* ¡Por el amor de Dios, habla más bajo! ¿No tienes miedo de decir algo así?

CLAIRE-MARIE: No. Me siento completamente segura. Es como si alguien me estuviese protegiendo, así que ya no necesito tener miedo.

FRANÇOIS: Bien, es cierto, también hay que tener en cuenta lo que dices.

CLAIRE-MARIE: ¿Verdad? Y estoy convencida que cada uno de vosotros ha tenido la misma idea. Dime, François, ¿cuál de tus amigos pudo haber sido?

FRANÇOIS: Ninguno. *(Impetuoso.)* ¡Ninguno! No difames a mis amigos. ¿Qué quieres? ¿Vas a hacer tú de juez? ¿Por qué estás aquí? ¿Qué quieres?

CLAIRE-MARIE: Me has llamado tú.

FRANÇOIS: No recuerdo haberlo hecho.

CLAIRE-MARIE: Fue una llamada que solo yo podía oír: la llamada que pide una mano femenina que sea dulce contigo, que destruya el dolor por la muerte de tu amante.

FRANÇOIS: ¿Tú has oído esa llamada?

CLAIRE-MARIE: Me ha llevado a ti porque te has quedado solo.

FRANÇOIS: ¡Qué manera de hablar! No has oído ninguna llamada. Yo no te he llamado, ni en voz alta ni en silencio. No necesito a nadie. Solo quieres hacerte la importante. *(Vuelve a prepararse el pañuelo.)*

CLAIRE-MARIE: ¿Te lo ato?

FRANÇOIS: Por favor. *(CLAIRE-MARIE lo hace.)* Átalo tan fuerte como puedas. *(Llaman a la puerta del fondo.)*

FRANÇOIS: ¡Adelante! *(Entra el CAPITÁN.)*

CAPITÁN: Señor marqués, me han dicho que usted quería que viniese de inmediato...

FRANÇOIS: Sí. ¿Pero qué quería...? Quería decirle... Ah, sí, que mañana por la tarde nos vamos de aquí.

CLAIRE-MARIE: ¿Nos marchamos?

CAPITÁN: ¿Rumbo a dónde, señor marqués?

FRANÇOIS: A casa. Ocúpese, por favor, de todos los preparativos. Nada más.

CAPITÁN: Mañana por la tarde. *(Hace una inclinación y sale.)*

CLAIRE-MARIE: ¿Y tu tan anhelada flor?

FRANÇOIS: ¿La flor? Ya la he encontrado.

CLAIRE-MARIE: ¿Lo dices de manera simbólica? ¿Qué quieres decir?

FRANÇOIS: Yo. He estado buscándome y por fin me he encontrado. Hoy sé quién soy.

CLAIRE-MARIE: *(Tras una pausa; dándole vueltas a una idea.)* El suicidio es la mayor cobardía que puedo imaginar.

FRANÇOIS: Bueno, hay situaciones... Sobre todo entre los hombres, menos en el caso de las mujeres...

CLAIRE-MARIE: ¿Crees que la señorita Carlin estaba hastiada de su vida o influyó también alguna otra cosa?

FRANÇOIS: ¿Qué?

CLAIRE-MARIE: Por ejemplo, un amor desdichado. Se oyen muchos casos...

Fʀᴀɴçᴏɪs: ¡¿Por qué hablas de cosas que no conoces!? ¿Quién era el amor de Michette? ¿Yo? ¿O quién? ¿Tenía algún motivo para ser infeliz por mi culpa? Uno se pega un tiro cuando sabe que su vida ya no vale nada, ni para sí mismo ni para los demás. Es una cura radical.

Cʟᴀɪʀᴇ-Mᴀʀɪᴇ: Siempre había tenido a la señorita Carlin por una persona amante de la vida.

Fʀᴀɴçᴏɪs: Podemos decir lo que queramos de los demás, pero ¿qué sabemos, en realidad, los unos de los otros?

Cʟᴀɪʀᴇ-Mᴀʀɪᴇ: ¡Ah, sí, François, somos unos pobres menesterosos! En vez de unirnos, recorremos en solitario nuestros duros caminos.

Fʀᴀɴçᴏɪs: *(Gimiendo en voz baja.)* ¡Mi cabeza!

Cʟᴀɪʀᴇ-Mᴀʀɪᴇ: ¿Qué te pasa?

Fʀᴀɴçᴏɪs: Me está explotando la cabeza.

Cʟᴀɪʀᴇ-Mᴀʀɪᴇ: ¿Vuelvo a mojarte el pañuelo?

Fʀᴀɴçᴏɪs: Sí, por favor. Si al menos tuviese hielo… alrededor de mi cuerpo… Eso estaría bien.

Cʟᴀɪʀᴇ-Mᴀʀɪᴇ: Ves, ¡ahora yo te cuido a ti! Mientras estaba enferma no podía imaginar lo bien que sienta poder cuidar a otra persona.

Fʀᴀɴçᴏɪs: Siempre tengo la sensación de que no eres sincera. Pero tienes que ver ante ti a la muerta que me llenaba por completo y a la que nadie se puede comparar. Te debe de dar pánico desenterrar un recuerdo y evocar una comparación.

Cʟᴀɪʀᴇ-Mᴀʀɪᴇ: ¡No te imaginas hasta dónde puede llegar una mujer!

Fʀᴀɴçᴏɪs: Tan lejos que todo aquel que llega a saberlo, termina por perder la cabeza.

CLAIRE-MARIE: François, en este último tiempo ¿no has sentido por mí ni una chispa de amor?

FRANÇOIS: No. Digo la verdad.

CLAIRE-MARIE: ¿Y ahora?

FRANÇOIS: Ah, ¿quieres decir que tú, al estar viva, prevaleces sobre una muerta?

CLAIRE-MARIE: Solo era tu amante. Yo soy tu esposa.

FRANÇOIS: ¿Una amante es menos que una esposa?

CLAIRE-MARIE: Sí... para ti, porque tienes un nombre unido a la historia; un nombre que no se puede desechar, que tiene que seguir viviendo mientras exista la humanidad.

FRANÇOIS: ¿Qué es lo que realmente te preocupa, el nombre o yo? ¿O el placer de ser madre? *(Junto a la ventana.)* Mañana estaremos en alta mar. ¡A saber cuándo volveremos aquí! El próximo año intentaré regresar. Traeré una lápida de mármol en la que se grabe un epitafio con letras doradas. Cuando miro así entre las palmeras me parece como si de repente, en el ocaso, surgiese su figura. Si fuerzo la vista, incluso la veo de verdad.

CLAIRE-MARIE: *(En voz baja.)* Esta noche iba a bailar y a cantar. ¡Horrible!

FRANÇOIS: Entonces, ¿qué opinas? ¿Asesinato o suicidio?

CLAIRE-MARIE: Tú mismo has dicho que el médico ha reconocido que se había equivocado. Por lo tanto, suicidio.

FRANÇOIS: Bien, sí, para las redacciones de los periódicos y los chismorreos de la tarde. Pero me gustaría saber lo que realmente piensas. Has dicho que el asesino podría ser uno de mis amigos. Supongo que partirás de una determinada suposición. ¿En cuál de mis amigos piensas?

CLAIRE-MARIE: No lo sé.

FRANÇOIS: Ya lo ves, cuando la cosa se examina a fondo, tu suposición termina en nada. ¿Y cómo puedes decir que cada uno de nosotros piensa algo parecido? ¡Es terrorífico las fantasías que trama tu cerebro! Piénsalo... Ah, como si no supiera que es inútil enderezar tu lógica. *(Cada vez se acalora más.)* Es absurdo decir que mis amigos...

CLAIRE-MARIE: Pero yo solo sospecho que...

FRANÇOIS: ¡Precisamente ese es tu delito: sospechas! Estás acusando a alguien de manera solapada. Así actuáis las mujeres. No se lo dices en la cara. *(Cogiéndola por los hombros.)* Pero yo te obligaré a decirlo. Confiesa: ¿quién crees que es el asesino?

CLAIRE-MARIE: Nadie. ¡Suéltame!

FRANÇOIS: Mis amigos están por encima de toda sospecha. De la misma manera que a mí no se me ocurre culpar a ninguno de ellos, tú tienes que hacer lo mismo. Una idea tan retorcida solo se le puede ocurrir a una mujer. A ninguno se le ocurrirá sospechar de mí o de alguno de ellos. ¡Sospechar de *mí*, imagina qué significa eso!

CLAIRE-MARIE: Pero yo no digo nada.

FRANÇOIS: Cuando dices que mis amigos creen que uno de nosotros es el asesino, también podrían sospechar de mí. Por lo tanto, también crees que yo podría ser... Sí, esa es la lógica conclusión de tu razonamiento.

CLAIRE-MARIE: ¡Pero, François, cómo puedes pensar algo tan monstruoso de mí! Si yo pensara eso, me estaría condenando a mí misma, pues ¿cuál sería el hermoso nombre que yo misma llevaría? Moriría de dolor porque nadie podría limpiar este nombre manchado de sangre.

FRANÇOIS: ¡Frases huecas y vacías! ¿Qué tendría que ver mi nombre con todo esto? ¿Acaso alguien cuya sangre procede de ancestros y de una cultura de siglos no podría un día convertirse en un criminal si le invade el horror al mundo?

CLAIRE-MARIE: ¿Qué significa eso?

FRANÇOIS: Nada. Una mera posibilidad, una suposición, igual que la tuya. Por lo demás, creo que la muerte de la pobre Michette nos ha sacudido de tal manera que concebimos antes lo imposible que lo posible. Mi nombre... Por supuesto, mi nombre, el gran nombre... ¿Qué no puede lograr? Hace que el marido infiel caiga, arrepentido, en los brazos de la esposa que lo perdona.

CLAIRE-MARIE: *(Que no se cree lo que acaba de escuchar.)* Si este triste suceso hiciese que volvieses en ti, le daría gracias a Dios por obrar milagros.

FRANÇOIS: *(Poniéndole una mano sobre el hombro.)* ¿Y realmente te alegrarías si yo te amase?

CLAIRE-MARIE: Sí, François.

FRANÇOIS: *(Apartándose de ella.)* ¡Lástima! *(Se muerde los labios; a continuación, estalla.)* ¡Échate a los brazos de Saville! Lo harás feliz. Échate en sus brazos antes de que sea demasiado tarde. *(Lanza el pañuelo; respira hondamente.)* Ah... *(Mirando fijamente al frente.)* Si supiese cómo eres... No te conozco. Es difícil comprender el alma de una mujer, si es que la tiene.

CLAIRE-MARIE: *(Se arrodilla, llorando, ante él.)* François, ¿qué tengo que hacer para que me conozcas? Ya no sé qué tengo que hacer.

FRANÇOIS: A las mujeres no les cuesta nada llorar. Lloran y aman y ríen y mueren.

CLAIRE-MARIE: *(Aferrándose a él.)* Yo quiero vivir.

FRANÇOIS: *(La empuja.)* ¡Déjame! ¡Déjame! ¿Qué haces? ¡No muestres tan claramente lo que buscas! ¡Un poco más de disimulo y mascarada, por favor! *(Tocándose las sienes.)* ¡Quieres abrazarme y entre los mismos muros que nos encierran hay un cadáver! ¿En qué quieres convertirme? Yo he... Yo he... *(Se arroja en una silla y oculta su rostro entre las manos.)*

CLAIRE-MARIE: *(Acercándose a él.)* Pasará con el tiempo.

FRANÇOIS: *(Mirándola durante largo rato; en voz baja.)* ¡Pobre Claire-Marie! ¡Vete! Que traigan una lámpara. Ha oscurecido. *(CLAIRE-MARIE sale. FRANÇOIS sigue sentado y gime. Entonces, con súbita resolución, gira la silla hacia el escritorio, arranca una hoja del bloc de notas y escribe mientras dice en voz alta:)* «Yo soy... el... asesino». *(Se pone de pie, sonríe de manera ambigua, con el pañuelo se seca la frente, vuelve a leer en voz alta lo que ha escrito. A continuación saca un revólver de su bolsillo, lo mira y lo limpia con el pañuelo. Entra CLAIRE-MARIE; detrás de ella viene un criado con una lámpara. FRANÇOIS oculta rápidamente el revólver. Coge la lámpara de manos del criado.)* Puede irse. *(Sale el criado. FRANÇOIS pone la lámpara encima del escritorio; a CLAIRE-MARIE:)* ¡Espera, quédate ahí! *(Gira su silla hacia el frente, a la izquierda, y se sienta.)* Acércate a la mesa y lee la nota. ¡Vamos! *(Mientras CLAIRE-MARIE obedece, saca el revólver y se lo coloca en la sien. Pero tiembla tanto que vuelve a bajar el brazo. Su cabeza cae sobre el pecho. Mientras tanto, CLAIRE-MARIE ha cogido y leído la nota; se estremece, parece que va a desmayarse pero con un último esfuerzo mantiene la calma.)*

CLAIRE-MARIE: *(Sin darse la vuelta.)* No puedo leerlo.

FRANÇOIS: *(Siempre con la misma postura encorvada y apática.)* ¿Qué?

CLAIRE-MARIE: No puedo leerlo. Las letras bailan arriba y abajo. Son jeroglíficos. ¿De dónde has sacado esto?

FRANÇOIS: ¿No reconoces la letra?

CLAIRE-MARIE: No.

FRANÇOIS: He encontrado la nota en la terraza. Se me ha ocurrido que podría estar relacionada de alguna manera con la muerte de Michette. ¿Sabes qué he descifrado yo? Dame el papel. Te leeré lo que he averiguado. *(CLAIRE-MARIE le da la nota; ve el revólver en su mano.)*

CLAIRE-MARIE: *(Gritando.)* ¡¡Qué vas a hacer!?

FRANÇOIS: ¿Cómo? ¡Ah, bueno…! He estado jugando un poco con esto. Ahora lo guardo. ¿Lo ves? Es inofensivo. *(Le quita el papel de la mano y la rompe.)* Así.

CLAIRE-MARIE: Pensaba que me ibas a leer…

FRANÇOIS: Nada. Era broma. ¿Por qué me miras así? ¿Es que has podido leer lo que estaba escrito en el papel?

CLAIRE-MARIE: No, ya te lo he dicho.

FRANÇOIS: Lo he escrito yo. Esto estaba demasiado oscuro, por eso la letra era ilegible. *(Llaman a la puerta: FRANÇOIS dice: «¡Adelante!». Entra el conde FELICIEN.)*

FELICIEN: ¡Buenas noches! He oído que mañana partimos de vuelta a casa. Te doy las gracias, François, por haber dado esta orden. El viaje volverá a elevar nuestros deprimidos ánimos. ¡Dios mío, estoy tan terriblemente impresionado! Creo que no volveré a sentir alegría en lo que me quede de vida. ¡Dios mío!

CLAIRE-MARIE: Señor conde, nadie sufre más que François por este inesperado suceso, pues nadie como él adoraba el arte de la fallecida.

FELICIEN: *(Con mirada de dolor.)* Sí, la adoraba.

CLAIRE-MARIE: La *entendía*. Era uno con ella. Era, quizá, su mejor amigo.

FRANÇOIS: *(Medio atónito, medio escandalizado.)* Claire-Marie, mejor no sigamos hablando del pasado.

CLAIRE-MARIE: Todos sabemos que colmabas de atenciones a la fallecida. Sí, vuestra amistad era como el amor entre hermanos. Y, conde Felicien, yo estaba orgullosa de eso, orgullosa de que François permitiese que mi insignificancia estuviese al lado de aquel ser floreciente en cuerpo y alma.

FRANÇOIS: Pero, Claire-Marie, perdona... Lo que estás diciendo me parece que está fuera de lugar... Perdona... ¿A qué viene esto ahora? Felicien, ¿te está diciendo mi mujer algo que no supieses?

FELICIEN: Por favor...

CLAIRE-MARIE: Es necesario decir con total sinceridad que en la relación que manteníais tú y Michette Carlin no había nada, ni enturbiamiento ni odio, nada a lo que se pudiese imputar la culpa de su muerte. Yo, tu esposa, lo digo en voz alta y clara; no tienes ninguna culpa.

FRANÇOIS: Bien, está bien. Felicien, ¿alguna vez has dudo de lo que dice mi mujer?

FELICIEN: ¡Por Dios, nunca!

CLAIRE-MARIE: Gracias, conde Felicien. *(Se da la vuelta rápidamente y sale por la izquierda.)*

FRANÇOIS: Me he casado con una extraña mujer, ¿verdad?

FELICIEN: También has tenido siempre amantes extrañas.

FRANÇOIS: Hoy bien podrías dejar a un lado tu cinismo.

FELICIEN: Nunca he hablado más en serio. Hay algo que no se me va de la cabeza: ¿quién es el asesino?

FRANÇOIS: *(Acercándose a él.)* El tema está resuelto, ¿no? Nuestro doctor ha provocado un bonito desastre con su precipitación.

FELICIEN: Es, cuando menos, dudoso. Se *puede* sospechar que ha sido un asesinato. Dentro de mí, en secreto, *yo* sospecho que ha sido un asesinato.

FRANÇOIS: Lo que pasa secretamente en tu interior no es de mi incumbencia. Solo voy a decirte una cosa: no te engañes, no imagines nada que no obedezca a tu deseo de verdad en vez del placer por la excitación, por lo sensacional.

FELICIEN: Esa es, ¡ja, ja!, esa es precisamente la cuestión. Me conozco demasiado poco, no sé si en mi caso se trata de una cosa o de la otra. Por eso estoy aquí, para saber si eres de la misma opinión que yo.

FRANÇOIS: ¿Qué opinión?

FELICIEN: Te lo juro, François: no soy un mal hombre. Jamás he pensado mal de nadie. Pero este caso es excepcional. Alguien muere de repente, alguien que poco antes muestra todos los signos de un incondicional amor a la vida. ¿No exige la justicia que se busque y se busque hasta encontrar la pista correcta?

FRANÇOIS: ¿Qué pista?

FELICIEN: La pista del asesino.

FRANÇOIS: ¿Dónde está el asesino, por todos los cielos? ¿En el aire, en el agua?

FELICIEN: Está entre nosotros.

FRANÇOIS: Ridículo. Por otra parte, si tú crees que se puede investigar con mayor precisión a los marineros...

FELICIEN: *(Moviendo el dedo índice.)* No es necesario. La pista está en otro sitio.

FRANÇOIS: *(Con calma forzada.)* Simplemente ridículo.

FELICIEN: Te voy a decir, aunque solo de mala gana culpo a quien sea, a quién se dirige mi sospecha, porque no tengo pruebas claras. Es Branguin.

FRANÇOIS: *(Horrorizado.)* ¿Branguin? ¿Estás culpando a Branguin?

FELICIEN: *(Vacilante.)* Yo... Es decir... No lo estoy culpando... Solo tengo motivos para...

FRANÇOIS: ¿No es Branguin nuestro amigo? ¿Y lo cargas con esa terrible culpa?

FELICIEN: Sí, es mi amigo. Aún lo es. Pero, en fin, él odiaba a Michette con toda su alma, ¡y *cómo* la odiaba! ¡Ja, ja! ¡El amante despechado! Este odio acumulado durante años lo ha empujado a la acción, a pesar de que esta tarde mostró cierto cambio en su estado de ánimo, pero eso es algo que me parece intranscendente. Estos hombres del teatro no pueden liberarse tan rápido de una pasión que los atenaza.

FRANÇOIS: ¡Mi cabeza, mi cabeza! Estoy mareado.

FELICIEN: Repito: Branguin podría ser el asesino. Te dejo a ti lo que se sigue de ahí. En todo caso, reconozco que en las actuales circunstancias es difícil llevar a cabo una investigación. No tenemos policías ni detectives. Pero te aconsejo que hables con Branguin, que le hables a su conciencia y que intentes que confiese. Sé que en los casos complicados eso es lo que hace la policía.

FRANÇOIS: Te agradezco tu preocupación. Seguiré tus indicaciones. *(Suspira dolorosamente, pone los codos sobre el escritorio y la cabeza sobre ellos.)*

FELICIEN: Solo somos hombres. Una mera ráfaga de viento puede derribar nuestro entendimiento, cuánto más en el caso de una mujer. Seguro que Branguin ha actuado debido a una confusión de sus sentidos, y cuando comparezca ante el jurado, apuesto a que quedará en libertad. ¿Verdad, François? *(FRANÇOIS no se mueve.)* ¿O no? Es el asesino, pero apuesto a que quedará en libertad. ¿Te pasa algo? *(FRANÇOIS no se mueve.)* Ah, tú la amabas. *(Camina por la habitación, y como FRANÇOIS sigue sin moverse, sale de puntillas por la puerta del fondo. Al poco rato entra BRANGUIN con corbata negra, levita y sombrero de paja negro.)*

FRANÇOIS: *(Levantando la vista, asustado.)* Branguin…

BRANGUIN: Sí, soy yo. ¿No se encuentra bien?

FRANÇOIS: Sí.

BRANGUIN: Acabo de hablar con la señora marquesa, quien me ha dicho cuánto está sufriendo usted por Michette. Me ha dicho que su amistad, señor marqués, con Michette no estaba enturbiada por nada y nada hacía presagiar una catástrofe.

FRANÇOIS: Así es.

BRANGUIN: *(Sentándose.)* ¡Pero yo primero, señor marqués! Nadie sabe lo que he perdido. Era el consuelo y el pilar de mi vida. *(Se seca los ojos llorosos.)* No volverá a nacer un talento semejante. Era una auténtica artista. ¿Ve mi sombrero?

Yo mismo lo he teñido. Considero que es mi absoluto deber ponerme de luto.

FRANÇOIS: *(Sin prestar atención.)* ¿De verdad?

BRANGUIN: Pasarán los días y pensaremos en la lejana isla en la que la amada de nuestros corazones ha encontrado su último descanso. Las palmeras susurrarán sobre su tumba, plantas trepadoras cubrirán el pequeño montículo y lo protegerán del ojo del Sol. *(Poniéndose en pie tras una pausa.)* Señor marqués, sé quién es el asesino.

FRANÇOIS: *(Rígido, como ausente.)* ¿Asesino?

BRANGUIN: *(En voz baja.)* El conde Felicien de Clarence.

FRANÇOIS: ¿Qué?

BRANGUIN: Creo que el conde es el asesino de Michette. *(FRANÇOIS se ríe malévolamente y se golpea la frente con la palma de las manos.)* ¿No me cree? ¿Cree que son imaginaciones mías? Pongo la mano en el fuego.

FRANÇOIS: Sí, Branguin. Sí, sí.

BRANGUIN: ¿No me cree? ¿Sabe por qué el conde es para mí...? Sufre de ideas obsesivas. Todavía ayer afirmó que tenía miedo de ser asesinado. Cometió este asesinato para liberarse de ese miedo. Desde el punto de vista psicológico...

FRANÇOIS: Basta, Branguin. Tiene razón.

BRANGUIN: Por desgracia, no tenemos aquí un psiquiatra. No sé si el doctor Rosny está capacitado para realizar un diagnóstico competente. Lo mejor es que se ponga al conde bajo vigilancia hasta que regresemos a casa y sea internado inmediatamente en un centro psiquiátrico para su examen.

FRANÇOIS: Sin duda, Branguin. Su inteligencia es asombrosa.

BRANGUIN: ¿No me cree?

FRANÇOIS: ¡No!

BRANGUIN: Naturalmente, se pone del lado del conde.

FRANÇOIS: ¡Branguin, ni una palabra más!

BRANGUIN: Me callo. Y la justicia cierra los ojos. Nos esperan días duros. ¡Adiós, señor marqués! Estaré en la cabaña. *(Sale. FRANÇOIS se queda pensativo y a continuación toca con fuerza una campanilla que está encima del escritorio.)*

FRANÇOIS: *(Al criado que acaba de entrar.)* ¡Que venga mi mujer! *(Sale el criado. Poco después aparece CLAIRE-MARIE.)*

CLAIRE-MARIE: ¿Ha venido Branguin? ¿Qué quería?

FRANÇOIS: Se echan la culpa entre sí. ¿Lo oyes? Se echan la culpa los unos a los otros. Mañana dirán que yo soy el culpable. Mi vida ya no está segura. ¡Dios mío! ¿Dónde me he metido? *(Lo estremece un sollozo y se vuelve hacia la ventana. A continuación, de repente, tranquilizado.)* ¿Tú nunca has tenido miedo? ¿Un miedo que encoge el corazón? No se le puede llamar cobardía; es algo más profundo, mucho más profundo. Tengo miedo, Claire-Marie. *(Se sienta con rodillas temblorosas.)*

CLAIRE-MARIE: ¿De qué tienes miedo?

FRANÇOIS: Pronto lo sabrás. Branguin me ha dicho que has hablado con él.

CLAIRE-MARIE: Sí. También con los otros. Quiero que en este asunto todos te dejen aparte.

FRANÇOIS: No lo conseguirás. Quieres poner tu casa sobre un suelo firme, pero no lo conseguirás. El suelo está temblando y hay que salvar lo que se pueda. ¿Me entiendes?

CLAIRE-MARIE: No.

FRANÇOIS: Pronto me entenderás. ¿Dónde está Saville? ¿Y los otros?

CLAIRE-MARIE: En la terraza, o delante de la terraza. En cualquier caso, no andan lejos.

FRANÇOIS: ¿Y Henri Marlette?

CLAIRE-MARIE: Estará en su habitación. ¿Quieres algo de él?

FRANÇOIS: Me gustaría que mis amigos estuviesen conmigo, y también Henri Marlette. ¡Por favor, llama a mis amigos!

CLAIRE-MARIE: Pero, mira, yo estoy a tu lado. ¿Para qué necesitas a los demás? Estoy a tu lado día y noche.

FRANÇOIS: ¡Vamos, ve! Tengo que decirles algo importante a mis amigos. No hay tiempo que perder.

CLAIRE-MARIE: *(Consternada.)* ¡No! No puedes... No puedes decir nada.

FRANÇOIS: ¿Por qué? ¿Qué sabes tú?

CLAIRE-MARIE: ¿Se trata de la muerte de Michette?

FRANÇOIS: Sí.

CLAIRE-MARIE: Pero todo está claro. ¿Para qué darle más vueltas al asunto?

FRANÇOIS: *No* está todo claro. No se sabe quién es el asesino. Quiero intentar encontrarlo.

CLAIRE-MARIE: *(Gritando.)* ¡No, no, no puedes! ¡Te lo suplico! ¡Me perteneces, François!

FRANÇOIS: *(Atravesándola con la mirada.)* Ah... ¿Qué significa eso? ¿Qué significa eso?

CLAIRE-MARIE: *(Implorando.)* Nada... Yo... No sé qué quieres.

FRANÇOIS: ¡Llama a mis amigos!

CLAIRE-MARIE: *(Casi sollozando.)* ¡Dios mío! *(Va a la puerta del fondo, la abre, pero retrocede con un grito.)* ¡Hay alguien ahí!

FRANÇOIS: ¿Quién está ahí? *(Va hacia la puerta.)* ¡Entre! Es Philippe Collard, ¿verdad? ¿Quiere algo de mí? *(PHILIPPE COLLARD entra. Detrás de él se pone CLAIRE-MARIE después de cerrar la puerta.)*

PHILIPPE *(asiente ante la pregunta de FRANÇOIS y da un pequeño tirón a su ropa.)*

FRANÇOIS: ¿Qué desea usted?

PHILIPPE: He venido… Usted disculpe… Yo… *(Se detiene.)*

FRANÇOIS: Es mejor que venga más tarde. Ahora no tengo tiempo.

PHILIPPE: Es muy importante. Puede salvarle la vida a alguien. Yo… Yo soy el asesino.

FRANÇOIS: *(Más colérico que asombrado.)* ¿¡Qué!? ¿¡Qué!? *(Va hacia PHILIPPE y lo arrastra hacia delante.)* ¡Deja que te mire! ¿Tú, el asesino? ¿¡Tú!? ¿Quién eres tú para poder ser su asesino? Fuiste, quizá, durante una noche el juguete de su capricho, pero no creo que eso te haya afectado tanto como para convertirte en su asesino.

PHILIPPE: Yo *soy* el asesino.

CLAIRE-MARIE: *(Excitada.)* ¡François, sujétalo, que no escape! Ah, te lo agradezco. Solo habías estado jugando conmigo. Te lo agradezco. *(Sale apresuradamente por el fondo.)*

FRANÇOIS *(retrocede lentamente ante la mirada de PHILIPPE.)*

PHILIPPE: El Señor elevará a los culpables y los sentará a su lado. Puede hacerme todo el daño que quiera; yo no sentiré nada. Cláveme agujas incandescentes en el cuerpo, desmiembre mi cuerpo: yo le querré cada vez más, pues cuanto peor me trate, más alto ascenderé.

FRANÇOIS: Ya sabía que es usted un excéntrico. Quizá sea eso lo que a las mujeres les gusta en usted. Pero, querido, con eso aún no es usted ningún demonio. No. Usted es un niño, un niño tonto e ingenuo que en toda su vida jamás se ha atrevido a levantar la mano contra un semejante, no hablemos ya de usar un revólver. Está actuando delante de mí y cree que puede engañarme. Pero yo le digo que... *(Quiere ir hacia él, pero vuelve a retroceder ante su mirada.)*

PHILIPPE: Yo *soy* el asesino.

FRANÇOIS: *(Gritando y moviendo los puños con ira.)* ¡Usted *no* es el asesino!

CLAIRE-MARIE: *(Abriendo la puerta y llamando a su espalda.)* ¡Venid todos! ¡Ahí está! ¡François lo tiene sujeto! ¡Lo tenemos!

FRANÇOIS: ¿Qué pasa ahí?

CLAIRE-MARIE: Me habías dicho que llamase a tus amigos. *(Entran SAVILLE, BRANGUIN, el conde FELICIEN y el doctor ROSNY.)*

FRANÇOIS: Estáis locos. Estáis todos locos.

BRANGUIN: *(Mirando a PHILIPPE de arriba abajo.)* Sí, es él... Solo él pudo haber sido. ¿Qué le ha pasado para asesinar a personas que no han hecho daño a nadie? ¿Cree, quizá, que ya no hay justicia en el mundo?

FRANÇOIS: *(Furioso.)* ¡Branguin, no estamos sobre un escenario! ¡Doctor, ayúdeme! Todo da vueltas a mi alrededor...

DR. ROSNY: ¿Qué le pasa?

FRANÇOIS: Este hombre miente. Quiere quedarse con la gloria de los criminales.

DR. ROSNY: Permítame que lleve a cabo un pequeño interrogatorio. Sabremos de inmediato...

FRANÇOIS: No. *Yo* seré quien lo interrogue. *(Acercándose a PHILIPPE.)* ¿Por qué ha asesinado a la señorita Carlin? *(PHILIPPE no responde.)* ¿Por celos?

PHILIPPE: Sí.

FRANÇOIS: ¿Amaba usted a la señorita Carlin?

PHILIPPE: Sí.

FRANÇOIS: ¿Cómo era eso posible? *(PHILIPPE no responde.)* ¿Era ella su amante?

PHILIPPE: Sí. *(Movimiento de los demás, que se acercan a PHILIPPE.)*

FRANÇOIS: ¿Y la mató por celos o porque temía caer presa de un poder del que no podría liberarse, porque temía envilecerse y cubrirse de basura y perder la fe en sí mismo?

PHILIPPE: *(Después de una pausa.)* Fue por todo lo que usted dice.

FRANÇOIS: ¡Relátenos la sucesión de los hechos! *(PHILIPPE no responde. Continúa, iracundo, FRANÇOIS.)* ¡Hable! ¿Dónde fue? ¿Cerca del árbol del pan, donde se bifurca el camino hacia el mar?

PHILIPPE: Sí.

BRANGUIN: Cierto. Yo vi que la señorita Carlin iba hacia allí. La acompañaba Henri Marlette.

CLAIRE-MARIE: Henri Marlette volvió de allí al poco rato. Por consiguiente, la señorita Carlin estaba sola.

FRANÇOIS: ¿Sabía usted que la señorita Carlin estaba cerca del árbol del pan?

PHILIPPE: Sí.

FRANÇOIS: ¿Sí? Bueno, solo lo sospechaba, ¿no? Usted andaba por allí con la intención de encontrar a la señorita Carlin y la encontró. ¿Dónde? *(PHILIPPE no responde.)* Hable si no quiere que pensemos que se está usted inventando todo eso.

PHILIPPE: Yo... no puedo hablar.

FRANÇOIS: ¿Dónde encontró a la señorita Carlin? ¿En la espesura? ¿O dónde? ¿Junto a la maleza?

PHILIPPE: Junto a la maleza.

FRANÇOIS: ¿Estaba de pie o estaba echada?

PHILIPPE: *(Dudando.)* Estaba echada sobre la hierba y me hizo una seña.

FRANÇOIS: ¿Y después?

PHILIPPE: Me acerqué y...

FRANÇOIS: Usted empezó a pedirle explicaciones. Y ella se rio de usted. ¿No fue así? ¿No triunfó ella sobre usted?

PHILIPPE: Sí. Se rio a pesar de que yo la insulté.

FRANÇOIS: *(Tambaleándose.)* Doctor...

DR. ROSNY: *(Sujetándolo.)* ¡Siéntese, señor marqués! Está terriblemente excitado.

FRANÇOIS: *(Con el rostro gris, lloroso.)* Doctor, ¿ha oído lo que ha dicho?

DR. ROSNY: Sí. Y ahora vamos a terminar con esto.

FRANÇOIS: No. Tiene que contarlo todo. Tiene que salir a la luz todo lo que ha hecho. *(Recomponiéndose.)* ¿Qué pasó a continuación? ¿Por qué apuntó su arma contra una mujer indefensa? ¿Lo hizo siendo plenamente consciente?

PHILIPPE: Ya no lo sé.

FRANÇOIS: Perdió el dominio sobre sí mismo. ¿Se le nublaron los sentidos, vio en aquella mujer solo una fiera peligrosa?

PHILIPPE: Sí. Vi sus dientes relampagueantes que pecaminosos reían entre los labios, y su cuello desnudo, hacia el que se movían mis dedos. Vi lo que podía echar a perder a otros y lo que a mí ya me había corrompido y entonces no lo pensé más, la cogí del pelo… creo que pasó así… incliné su cabeza hacia atrás y empujé. No emitió el más mínimo sonido. Con la mirada rota, cayó de rodillas. Hui. Pero entonces se apoderó de mí el arrepentimiento. Regresé y la puse sobre mis hombros. Quizá aún era posible salvarla. Fue en vano.

BRANGUIN: *(Con los ojos brillantes.)* Criminal, asesino.

FRANÇOIS: *(Con voz pesada.)* Solo tengo que decir una cosa: señores, lo que este hombre ha dicho… Ah… *(Se desmaya.)*

DR. ROSNY: *(A SAVILLE, que está a su lado.)* ¡Ayúdeme, por favor! *(Lo tienden en el sofá que está junto al escritorio.)* Por favor, señores, abandonen la estancia. El señor marqués necesita tranquilidad.

BRANGUIN: *(A PHILIPPE.)* ¡Vaya usted delante! ¡Y ni se atreva a mostrar la más mínima insubordinación! Sería su muerte. *(Sale PHILIPPE; detrás de él, FELICIEN y BRANGUIN.)*

SAVILLE: *(A CLAIRE-MARIE, que está cuidando de su marido.)* ¿Puedo quedarme?

CLAIRE-MARIE: ¿Para qué?

SAVILLE: Me gustaría ayudarle. Todo esto es tan triste. *(Llaman a la puerta. Aparece en el umbral HENRI MARLETTE.)*

HENRI: ¿Me han llamado?

CLAIRE-MARIE: ¡No hable tan alto!

HENRI: *(Entrando, con los ojos abiertos de par en par.)* ¿Está muerto?

DR. ROSNY: Ya vuelve en sí. Miren, sus mejillas se están sonrojando.

CLAIRE-MARIE: ¡Gracias a Dios! Doctor, ¿es necesaria su presencia?

DR. ROSNY: No.

CLAIRE-MARIE: ¿Puedo quedarme a solas con él?

DR. ROSNY: Por supuesto, señora. De hecho, es lo mejor.

HENRI: Pensé que estaba... ¡Qué extraño! *(Salen el DOC-TOR ROSNY y HENRI.)*

SAVILLE: Si necesita ayuda, estoy a su disposición. Por usted estoy dispuesto a hacer lo que sea. *(Sale.)*

FRANÇOIS: *(Débilmente.)* ¿Qué... ha... pasado? Creo que me he desmayado.

CLAIRE-MARIE: ¿Cómo te encuentras?

FRANÇOIS: ¿Está Henri aquí? Creo haber oído su voz.

CLAIRE-MARIE: No.

FRANÇOIS: Henri es el único en el que todavía confío. ¡Ese Philippe Collard, ese hombre...! ¡Es un enigma! ¿Por qué se han marchado todos? Aún no he terminado de hablar. Debo... *(Se incorpora, mira fijamente al frente.)* ¿Qué tengo que hacer? ¿Cuál es mi deber?

CLAIRE-MARIE: Tu deber es cuidarte para recobrar las fuerzas de cara a tu futura tarea.

FRANÇOIS: ¿Cuál es mi tarea?

CLAIRE-MARIE: *(Se arrodilla ante él y lo besa.)* François...

FRANÇOIS: *(Débilmente.)* ¿Me amas? ¿Por qué? ¿Por qué me amas? ¿Quieres castigarme? *(Se pone de pie.)* ¡Ojalá Henri estuviese aquí! Es el único que me ayudará si... Le diré que soy su padre. Y, entonces... ¡Ya verás! A pesar de todo, tiene buen fondo, y aquí está mi futura tarea, como bien has dicho. ¡Henri es mi futuro!

CLAIRE-MARIE: ¿Y yo?

FRANÇOIS: *(Se encoge de hombros.)* Eso es difícil de decir.

CLAIRE-MARIE: *(Acercándose a él.)* No me rendiré. La señorita Carlin murió por *mi* culpa, ¿lo sabes? Yo lo *deseaba* en lo más profundo de mí. ¡Y que los demás tengan cuidado! Soy fuerte, no permitiré que mengüen mi felicidad, conquistaré mi felicidad. ¡Y tú lo verás! *(Sale.)*

FRANÇOIS: ¡Ridículo! *(Vuelve a echarse en el sofá y toca la campanilla. Al criado que acaba de llegar.)* ¡Cigarrillos!

Telón

# CUARTO ACTO

*La misma decoración de los actos primero y segundo. Primera hora de la mañana. Las amplias sombras de los árboles y de la case caen sobre el escenario, a veces borradas por las nubes que tapan el Sol. Los farolillos siguen colgando de los árboles, pero rasgados y goteando por la humedad. En el suelo hay ramas y hojas desperdigadas. Sopla un fuerte viento.*

*(En el escalón más bajo de la terraza está sentado PHILIPPE CO-LLARD. Delante de él, sentado en una de las sillas pintadas de blanco, HENRI MARLETTE.)*

HENRI: *(Pasado un rato.)* ¿Y por qué está usted ahora aquí?

PHILIPPE: He pasado aquí toda la noche. ¿Para qué ir al barco? Allí no soy especialmente bienvenido.

HENRI: Se entiende. ¿Y le permiten andar libremente por ahí?

Philippe: ¿Qué habrían de hacer conmigo? ¿Acaso puedo huir, mi querido joven? Solo podría meterme en el mar y ahogarme.

HENRI: Usted no se parece en nada a un criminal. A veces habla como un hombre cultivado.

PHILIPPE: Asistí a la escuela náutica y he leído muchos libros.

HENRI: Leer libros… Sí… Eso termina por echar a perder la cabeza. ¿Tiene miedo de la guillotina?

PHILIPPE: No soy un criminal al que le esté destinada la guillotina. Me he arrancado el alma con lo que he hecho; no es necesario que me corten la cabeza.

99

Henri: Si consigue un buen abogado, es posible que lo absuelvan. Sí, tenía un mal presentimiento; era como un presagio de tormenta en el aire. Pero ahora, se lo aseguro, es como si me hubiesen quitado una piedra del pecho. *Tenía* que pasar algo, y ha pasado algo tan salvaje como ni el más romántico podría haber imaginado. Le confieso que casi lo admiro a usted…

Philippe: *(Desdeñoso.)* ¡Bah!

Henri: Al principio me sentí horriblemente mal. Pero poco a poco empecé a comprender. Si usted no se me hubiese adelantado, *yo* habría sido su asesino; sí, *yo*. Yo le enseñé las flores venenosas. ¡Piénselo! Ni la educación, ni los estudios, ni el latín ni el griego sirven de nada cuando llega un momento que se apodera de ti y te exige: «¡Conviértete en un asesino!».

Philippe: Exagera. Se deja llevar por la imaginación.

Henri: En absoluto. Desde joven he tenido la sensación de que nada bueno puede salir de mí. Además, estoy enfermo, del corazón. No me importa la vida. *(Pausa.)* Mire, al principio tenía miedo del cadáver, pero después superé el horror y fui a visitarla. Estaba increíblemente hermosa. El actor había decorado la habitación con telas negras y hojas de palmera. ¡Dios sabe de dónde sacó las telas negras! Y dos largas velas brillaban a ambos lados de la cama. Esta noche la visité seis veces. No para de atraerme.

Philippe: *(Poniéndose en pie.)* Me voy de aquí. Si lo ven hablando conmigo, puede tener problemas.

Henri: No. ¡Quédese! ¿Acaso se ha convertido en un animal salvaje porque ha cometido un delito? Posiblemente sea usted el hombre más inocente del mundo. ¿Quién sabe qué es lo que mueve a nuestro cerebro?

PHILIPPE: Le agradezco la buena opinión que tiene de mí.

HENRI: Ah, Dios mío, *yo* no he inventado eso. Los libros dicen que todo criminal es un hombre enfermo. Yo no lo metería a usted en una cárcel, sino en un manicomio. Pero quería preguntarle una cosa: ¿ha tenido con otra mujer la sensación de que tenía que cometer un asesinato? Sobre todo me gustaría saber qué opina de las mujeres. ¿Puede amar a una mujer? Todavía no sé qué pensar sobre su relación con la señorita Carlin. Mire, yo amaba a la señorita Carlin. La besé y ella me besó. Sí, sucedió de casualidad. Lo que le pregunto es si usted también amaba a la señorita Carlin.

PHILIPPE: No.

HENRI: ¿No? Probablemente ha tenido tantas aventuras amorosas que para usted lo especial, lo extraordinario ya no destaca por encima de la masa. Por lo demás, créame, yo tampoco tenía muchas ganas de quedar tan profundamente prendado de una mujer. Sí. Muchos de mis amigos se entregaron a las mujeres cuando aún estaban en el instituto. Yo nunca los seguí. Y, además, estoy enfermo del corazón.

PHILIPPE: Parece usted despreciar muchas cosas que para personas de su edad deberían ser la más alta dicha y lo más sagrado. ¿Por qué? ¿Lo hace por pura convicción? No lo creo.

HENRI: ¿Qué puedo hacer en mi situación?

PHILIPPE: Tener esperanza. La esperanza es la tabla de salvación de los que se hunden.

HENRI: ¿Usted tiene esperanza?

PHILIPPE: Sí.

HENRI: Si yo estuviese en su lugar, después de haber hecho lo que usted ha hecho, me habría matado. Sí, está claro, los peores criminales son en la mayoría de los casos los más cobardes. Quizá siente usted arrepentimiento, ¿no? Arrepentirse… ¿de qué sirve? No debería sentir arrepentimiento; eso demuestra debilidad; con eso hace que se desvanezca la impresión que ha provocado con su acción. Además le aconsejaría que no se deje fotografiar. Si lo hace, aparecerá en todos los periódicos. Eso es vomitivo. Sí. ¿No ha oído la tormenta esta noche?

PHILIPPE: *(Un poco hastiado del parloteo de HENRI.)* Por supuesto. Aún estaba aquí. *(Señala a la terraza.)*

HENRI: Cierto. ¿También escuchó los gritos del marqués?

PHILIPP: ¿Gritó?

HENRI: *(No sin satisfacción.)* Sí. Un par de veces. Como si lo estuviesen apuñalando. Todo esto ha sido demasiado para él. Sus nervios deben de ser muy débiles. Dígame, ¿siente usted un mínimo de simpatía por el marqués?

PHILIPPE: ¿Por qué me lo pregunta?

HENRI: Porque no lo sé. Además, era, para decirlo de alguna manera… era el admirador… su admirador… Ya sabe, por eso se lo ha tomado tan mal. ¿Ha estado hoy ya en la playa?

PHILIPPE: Sí.

HENRI: ¡Un mar tormentoso! ¡Y las nubes! ¿Cree que hoy se puede salir en un bote?

Philippe: ¿En un bote? ¿Para qué?

Henri: Me gustaría remar, por puro placer, alrededor de la isla.

Philippe: Yo lo desaconsejaría.

Henri: ¿Es peligroso? Justo eso es lo que me atrae: mirar de cara a la muerte. Pero no es solo por remar. *(Muy pensativo.)* Todos duermen. *(Después de una pausa.)* He hablado con los marineros que llevaron a su víctima. Les pregunté si pesaba mucho. No, respondieron, ligera como un copo de nieve. Eso dijeron: «Ligera como un copo de nieve». ¿Sabe cuál es mi intención? ¿Ha oído hablar de Caronte, el que en el infierno lleva en su barca las almas de los muertos? *(Sonríe.)* Me gustaría... Lo he estado pensando durante toda la noche... Me gustaría poner el cadáver en un bote y remar alrededor de la isla. Sí. *(Se pone colorado, respira agitadamente, pero intenta ocultar su excitación.)*

Philippe: ¿Qué es lo que quiere?

Henri: No se me había ocurrido que algo así le asustase. Al contrario: pensé que me ayudaría. La taparemos con un paño y la bajaremos como su fuese un valioso tesoro. Salimos por la puerta trasera... Nadie puede vernos, sobre todo ahora, cuando todos aún están durmiendo.

Philippe: No, joven señor. No voy a ayudarle.

Henri: Solo tiene que acompañarme hasta el bote. Remaré yo solo. Podré contemplar su rostro durante una hora sin ser interrumpido. Yo asumo toda la responsabilidad. *(Desesperado.)* ¡Debo hacerlo! Si la hubiese visto seis veces durante la noche, usted también tendría que hacerlo. De lo contrario no podría seguir viviendo en paz. Me volvería loco.

PHILIPPE: Lo que quiere hacer ya es una locura.

HENRI: Así es. ¿Pero nunca ha hecho usted una locura? ¿Acaso no ha cometido un crimen? Lo que yo quiero hacer es, en el peor de los casos, una travesura. Todos hacemos travesuras. Nos imaginamos una gran aventura y solo es algo ridículo. Pero nos satisface. ¡Venga conmigo!

PHILIPPE: Disculpe, tengo que irme.

HENRI: ¿A dónde? *(Quiere sujetar a PHILIPPE.)*

PHILIPPE: No. ¡Disculpe! *(Se suelta y sale por la derecha.)*

HENRI: *(Hablándole.)* ¡Esto es una cobardía! Pero espere y verá. Espero poder contarle pronto una historia. *(Quiere ir a la terraza, pero se encuentra con FRANÇOIS, que está pálido, sin dormir y como si hubiese envejecido unos años. Su intento por ocultar el nerviosismo, el dolor y el cansancio y por dominarse y pensar y hablar con claridad resulta digno de compasión.)*

FRANÇOIS: ¡Henri, detente! ¡No te marches! Por favor, tengo que hablar contigo. *(Se sienta con torpeza, la cabeza caída sobre el pecho. Durante lo que sigue, no mira a HENRI, permanece en su rígida postura y de vez en cuando solo mueve los pies como jugando con la arena.)* ¿Quieres a tu madre?

HENRI: Por supuesto. ¿Por qué lo pregunta?

FRANÇOIS: Henri, escucha: tu madre y yo… *(Se para.)*

HENRI: ¿Lo que tiene que decirme es importante o puede esperar?

FRANÇOIS: ¿Por qué lo preguntas?

HENRI: Ahora mismo tengo fuertes palpitaciones y no puedo pensar de manera ordenada. Todo se mezcla en mi cabeza. La culpa es de la muerte acontecida ayer.

FRANÇOIS: ¿Es la culpable?

HENRI: Sí. Por eso quería pedirle que…

FRANÇOIS: ¡Es solo un momento, Henri! ¡Un segundo! Mira cuánto he envejecido. No he dormido en toda la noche.

HENRI: Gritó.

FRANÇOIS: ¿Grité? ¡Dios mío! ¿Y qué grité?

HENRI: No conseguí entenderlo. Pero que no lo supiera significa que sí ha dormido.

FRANÇOIS: He dormido un poco, durante unos sueños horribles. De ahora en adelante no volveré a dormir solo. Tú dormirás en el cuarto de al lado y yo dejaré la puerta abierta para no volver a tener sueños tan terribles. *(Recostándose.)* ¡Ah, el viento es agradable y fresco…! En general, Henri, quiero tenerte siempre a mi lado. ¡*Debes* quedarte conmigo! Necesito a alguien con quien poder hablar. ¡Entiéndeme, por favor! Verás a tu madre tantas veces como quieras, pero a mí, a mí tienes que valorarme y respetarme y no verme como a un extraño. Entiéndelo, Henri: tienes buen corazón y te compadecerás de un hombre viejo y solitario. Todo lo que tengo es tuyo y puedes hacer con todo eso lo que quieras. Hagas lo que hagas, no volveré a amonestarte ni a enfadarme contigo. Me limitaré a observarte, como a alguien que juega, y me sentiré dichoso si me diriges una breve mirada de agradecimiento. ¿Sí? ¿Estás de acuerdo?

HENRI: Lo pensaré. Lo hablaré con mi madre.

FRANÇOIS: *(Alterado.)* No, eso sería demasiado tarde. Y nadie puede aconsejarte si no sientes en tu corazón lo que tienes que decidir.

HENRI: En estos momentos tengo palpitaciones. No quiero pensar ahora en eso.

FRANÇOIS: ¡Henri, solo un momento! Eres un joven razonable. Quiero pedirte consejo en una cuestión de vida o muerte.

HENRI: ¿Consejo, a mí? Cómo podría yo...

FRANÇOIS: Te quedas asombrado, ¿verdad? ¿Te falta el suelo bajo los pies? Sí, Henri. Hay momentos en los que los mayores recurren a los jóvenes... Henri, no tienes que pensar, solo tienes que dejar que hable tu corazón, tus sentimientos. Mírame: ¡un hombre viejo y destrozado!

HENRI: Usted no es un hombre viejo y destrozado.

FRANÇOIS: Ah, Henri, desde ayer... *(Guarda un significativo silencio.)*

HENRI: Sí, ¡la muerte de la señora Carlin! ¿Por qué no se preocupa por mí cuando ve en usted mismo los efectos de esa muerte?

FRANÇOIS: ¡Solo unos segundos, un poco de paciencia! Primero tengo que sentirme un poco mejor.

HENRI: ¿De qué se trata?

FRANÇOIS: ¡Mírame, Henri! ¿Tú me confesarías algo malo que hubieses hecho?

HENRI: *(Evasivo.)* Oh, Dios... Malo o bueno... Esos son conceptos relativos.

FRANÇOIS: Me refiero a algo monstruosamente malo, demoníaco.

HENRI: No sé qué pretende, señor marqués. Primero dígame qué quiere. De lo contrario podría decir, sin querer, algo que a usted no le resultase agradable.

FRANÇOIS: Bien, pues lo que quiero decirte es que yo he hecho algo así. ¿Adivinas...?

HENRI: No.

FRANÇOIS: He cometido un acto sanguinario, un acto que clama al cielo. ¿Ahora sabes de qué se trata?

HENRI: ¿Qué ha hecho?

FRANÇOIS: *(Dominado por la emoción.)* He... ¿Aún no lo sabes?

HENRI: No, señor marqués.

FRANÇOIS: He... matado... a la señorita Carlin. *(HENRI lo mira, emite una risa breve y alegre y niega con la cabeza.)* Yo. No Philippe Collard. Philippe Collard se acusó por su propia voluntad y yo no lo he negado porque así me libero de la guillotina o de la cárcel. ¿Lo entiendes? Primero maté a sangre fría a la señorita Carlin y después he permitido que otro cargue con mi culpa. ¿Por qué lo ha hecho, te preguntarás, este marqués de Grenier, este infame canalla de vieja alcurnia? Porque es un cobarde, porque es una ruina, porque es vil. ¡Henri, ayúdame! No puedo permitir que me llamen canalla y que otro expíe mi culpa. ¿O sí? ¿Puedo hacerlo? ¿Qué opinas?

HENRI: Debe... *(Sacude los hombros como si no quisiera tener nada que ver con ese asunto.)*

FRANÇOIS: ¡Dame tu consejo, continúa, no dejes que nada te confunda! ¡Deja que hable tu corazón, solo tu corazón!

HENRI: Tiene que confesar que es el asesino, por supuesto. No puede permitir que otro ocupe su lugar: mis sentimientos me dicen que eso no puede ser.

FRANÇOIS: *(Horrorizado.)* ¿No puede ser? ¿Y he de ir yo a la cárcel?

HENRI: ¿De verdad es usted el asesino?

FRANÇOIS: Sí, Henri. Por supuesto que lo soy.

Henri: Entones tiene que asumir la responsabilidad. De todas formas, hay un medio para evitar la cárcel, ¿verdad?

François: ¿A qué te refieres?

Henri: Uno puede armarse de valor y pegarse un tiro en frente.

François: *(Aterrorizado.)* ¡Henri!

Henri: Yo… no lo decía en serio, señor marqués. Solo quería probar qué efecto tiene recomendarle a un hombre en su situación que se suicide.

François: No puedo hacerlo. Eso sería todo lo contrario de lo que quiero. No, no, no. No puedes haberlo dicho en serio.

Henri: ¿Entonces? ¿Qué quiere hacer?

François: Nada. Observar tranquilamente cómo se suceden los acontecimientos. Ganar tiempo. Los delitos prescriben.

Henri: Señor marqués, las cosas no son así. Esa sería una ignominia mucho mayor si más tarde se descubriese. Si quiere que yo lo respete, tiene que confesar. O…

François: ¿O?

Henri: O yo lo denuncio. Sí, en el caso de que usted no confiese, yo lo denuncio.

*(François lo mira fijamente; a continuación, emite un grito de ira y va a por Henri, quien huye hacia la casa.)*

François: *(Llamándolo.)* ¡Tú no sabes quién *soy*! Soy… ¡Henri! ¡¡Henri!! *(Lo sigue, melancólico, con la mirada. Hay lágrimas en sus ojos. Cansado y como insensible, se apoya en la balaustrada de la terraza: inmóvil, la viva imagen de la destrucción.)*

(PHILIPPE COLLARD *llega, caminando lentamente, desde la dere-cha. En su boca sostiene por el tallo una flor blanca. Mira los árboles, golpea uno y observa atentamente la corteza.*)

FRANÇOIS: ¿Qué está haciendo?

PHILIPPE: *(Dándose la vuelta.)* Necesito madera para un ataúd, señor marqués.

FRANÇOIS: ¿Se lo ha pedido alguien?

PHILIPPE: No, nadie ha pensado en eso. Pero es necesario, creo...

FRANÇOIS: Sí, es necesario.

PHILIPPE: Me encargaré de todo, sin problemas. *(FRANÇOIS no responde.)* Voy a buscar a un par de hombres. *(Quiere pasar al lado de FRANÇOIS, pero se detiene al ver su rostro descompuesto.)*

FRANÇOIS: ¿Por qué no sigue su camino?

PHILIPPE: Al ver sus ojos, me ha parecido que usted no se encuentra nada bien. Eso me duele porque quizá con mi crimen le he hecho daño. Seguro que antes me tenía por un buen hombre.

FRANÇOIS: Ya sé por qué clase de hombre le tenía. Para evitar malentendidos, quiero decirle algo que hasta ahora mantenía en silencio. Yo estaba presente cuando usted cometió el asesinato. Estaba en medio de la maleza, buscando plantas, y me quedé tan paralizado por el horror que no pude ni siquiera gritar.

PHILIPPE: *(Incrédulo.)* ¿Lo vio?

FRANÇOIS: Así es. También lo juraré ante el tribunal. No fue como usted ha contado. Usted asaltó a la señorita Carlin;

la disparó a ciegas, de una manera tan cruel y mezquina que aún se me hiela la sangre cada vez que lo recuerdo.

PHILIPPE: *(No sabe qué pensar.)* Eso no puede jurarlo.

FRANÇOIS: ¿Por qué no?

PHILIPPE: Porque usted no estaba allí. Todo sucedió tal y como yo lo he contado.

FRANÇOIS: *(Saca un revólver del bolsillo.)* ¿Ve las manchas en el cañón? ¿Qué es eso?

PHILIPPE: No lo sé.

FRANÇOIS: Manchas de sangre. ¿A quién cree que pertenece este revólver? *(PHILIPPE no responde.)* Es mío. Y ahora, de paso, puede adivinar quién es el verdadero asesino. *(Se sienta, satisfecho del efecto surtido por sus palabras. PHILIPPE lo mira perplejo.)* Y ahora piense por qué no dije nada ayer. Porque… estaba estupefacto, porque pensé en mi futuro. Gracias a usted estaba a salvo, gracias a usted mi nombre seguía intacto. Sí, mi nombre, algo que quizá a usted le parezca completamente secundario. Era una sensación tentadora moverme entre los demás como un completo inocente cuando había cometido un asesinato. Una sensación irresistible. Ahora lo veo de otra manera. La ignominia sería mucho mayor si más adelante se descubriese la verdad. Y algunos incluso podrían sentir respeto por mí si me entregase. Sí, quiero hacerme responsable de mis actos.

PHILIPPE: Ya lo he hecho *yo.*

FRANÇOIS: ¿Usted? ¿Qué es usted? Un loco. Usted y este hecho son como un enano y un gigante. Sé qué pretendía con eso: quería hacerme chantaje en el futuro, ¿verdad? Pero…

PHILIPPE: No sabía que usted era el asesino.

FRANÇOIS: ¿Qué? ¿Por qué lo ha hecho, entonces? ¿Por amor a la señorita Carlin? ¿Para aparecer como el héroe de una novela? ¿A partir de un sentimiento común y corriente en un cochero y en un mozo de cuadra?

PHILIPPE: La señorita Carlin siempre ha desempeñado en mis sentimientos el más ínfimo papel.

FRANÇOIS: ¿¡Cómo!? ¿Y aquella noche, cuando le regaló algo con lo que usted jamás se habría atrevido a soñar? Michette Carlin, esa mujer, esa fuerza de la naturaleza; un tórrido apretón de manos y usted cae de rodillas y suplica misericordia a las estrellas.

PHILIPPE: La señorita Carlin pasó sobre mí como una sombra, como la sombra de un extraño. Nunca la amé.

FRANÇOIS: No le creo.

PHILIPPE: Comprendo que no pueda creerme. Mis sentimientos y los suyos son dos mundos diferentes, por el momento. Más adelante me entenderá, cuando la luz caiga sobre usted.

FRANÇOIS: No quiero involucrarme en esas cosas. Creo que es usted un soñador y le exijo que renuncie.

PHILIPPE: No puedo, pues esta es la ocasión de demostrarme a mí mismo si tengo la fuerza para resistir hasta el final y para saber si soy digno de mi misión.

FRANÇOIS: ¿Qué misión?

PHILIPPE: Preparar el regreso del Señor.

FRANÇOIS: ¡Loco! La señorita Carlin lo ha enloquecido. Su cerebro ha pedido la medida de las cosas. ¿No ve que aún está atrapado en el frenesí de ese amor?

PHILIPPE: Ya se lo he dicho: no amaba a la señorita Carlin.

FRANÇOIS: ¿Qué tipo de hombre es usted?

PHILIPPE: Tengo una misión.

FRANÇOIS: ¿Y no es una misión amar a una mujer como Michette Carlin?

PHILIPPE: No, eso es orgullo.

FRANÇOIS: *(Gritando.)* ¿Quiere convencerme de que no tiene sentido haber amado a la señorita Carlin?

PHILIPPE: Sí. No ha ayudado a nadie.

FRANÇOIS: ¿Y haberla matado?

PHILIPPE: Nada más que vanidad. Quiso imitar a aquellos de los que había oído que habían matado a mujeres por celos, pues me niego a creer que un hombre de su cultura y con su fuerza de voluntad se haya convertido en un criminal solo por pasión. Probablemente no quería aparecer como alguien que ha domado su dolor cuando ve insultado a su amor. Se avergonzaba de callar y sufrir, y por eso…

FRANÇOIS: Entonces, según su opinión, yo no valdría para criminal, ¿es así? ¿Es que soy demasiado bueno para eso? Me hace gracia. Cometo un asesinato y usted quiere hacerme creer que fue una especie de diversión, un enorme anuncio para algo indigno. Entonces, ¿por qué lo hice? *(PHILIPPE quiere responder.)* ¡Calle! No quiero oír nada más. Les diré a mis amigos que yo soy el asesino. *(Se pone de pie y quiere marcharse.)*

PHILIPPE: Le costará convencer a sus amigos después de que yo…

FRANÇOIS: Se retractará de lo que dijo ayer, se lo ordeno. ¿Me escucha? No consentiré que siga adelante.

PHILIPPE: Señor marqués, ¿por qué quiere destruir su vida? ¿Acaso la mía no vale mucho, mucho menos que la suya?

¿Qué me estoy jugando yo? Un par de años en la cárcel. Soy joven, puedo soportarlo, pero usted... Si lo encierran, estará usted acabado. ¿Cree que al someterse a un castigo se borrará su culpa? Una vez más, solo por pura vanidad quiere ser castigado. De repente le gusta la idea de aparecer como un criminal ante el mundo. No, no debe actuar de esa manera, señor marqués; es falso.

FRANÇOIS: ¿Qué debo hacer, entonces? ¿Lo sabe usted?

*(El* CAPITÁN *llega desde detrás de la casa, por la izquierda.)*

CAPITÁN: Disculpe, señor marqués, solo quería decirle...

FRANÇOIS: *(Enfadado.)* ¿Qué?

CAPITÁN: El señor Marlette quiere hacer una excursión en bote. Justo venía del barco cuando él, cargado con un objeto blanco, se subía en uno de los botes. Pero no puedo asegurar que con este tiempo...

FRANÇOIS: *(Algo molesto.)* ¡Deje que haga lo que quiera! Él es su propio amo. *(Sale el* CAPITÁN. PHILIPPE *quiere seguirlo.)*

PHILIPPE: El señor Marlette no debería salir con el bote. Ya le dije que era peligroso.

FRANÇOIS: *(Deteniéndolo.)* No es asunto suyo. Tengo que hablar con usted. Ahora tiene que ocuparse de mí. ¡Siéntese! *(Dudando,* PHILIPPE *se sienta y* FRANÇOIS *hace lo propio delante de él.)* No quiero decir que tenga una especial confianza en usted. Es solo que hoy me encuentro en tal estado que agradezco tener a mi lado a cualquier hombre que pueda decirme algo razonable. Para arreglarlo todo, podría suicidarme, ¿verdad? ¿Pero es eso lo correcto?

PHILIPPE: No.

FRANÇOIS: Tengo que seguir con vida, ¿verdad? Y cobrar fuerzas para mi futura tarea. Porque todo el que quiera vivir ha de tener una tarea por la que vivir, ¿verdad?

PHILIPPE: Sí. Ahora está usted en el camino correcto. Una tarea: propagar la verdad y la luz en todas direcciones, amar a los hombres y cargar con uno mismo entre ellos como el Señor cargó con su cruz. Entonces también entenderá por qué cargo con su culpa y que esto obedece a un fin más alto.

FRANÇOIS: *(Poniéndose de pie.)* Es… imposible.

PHILIPPE: ¿Por qué?

FRANÇOIS: Ya le he dicho a alguien que soy el asesino. Alguien que me amenazó con denunciarme si yo no confesaba. Sí, ya ve, también hay ese tipo de hombres. Y puedo decirle quién era: Henri Marlette.

PHILIPPE: ¿Henri Marlette? Tenemos que encontrarlo antes de que se lo diga a alguien.

*(Salen en dirección a la playa. Inmediatamente después se oye —de repente más cerca, de repente más lejos— una confusión de gritos y órdenes. Finalmente se escucha el grito del* MARQUÉS: *«¡Henri!». Desde la izquierda,* BRANGUIN *sale precipitadamente de la casa. Se detiene un momento y mira hacia abajo, hacia la playa, haciendo visera con la mano; a continuación sale, corriendo, por la izquierda. Ahora salen de la casa, consternados,* SAVILLE *y el* CONDE FELICIEN.*)*

FELICIEN: *(Señalando hacia la playa.)* ¡Allí abajo!

SAVILLE: ¡Ha robado el cadáver!

*(Salen en dirección a la playa. Poco después,* CLAIRE-MARIE *aparece en la terraza. Estira los brazos, como después de haber dormido mucho y bien. Sonríe. Un criado se acerca a ella.)*

EL CRIADO: Señora...

CLAIRE-MARIE: Ponga la mesa para el desayuno como siempre.

*(El criado pone la mesa y CLAIRE-MARIE le ayuda. De repente aparece SAVILLE. Se apoya en la balaustrada de la terraza; casi no puede hablar.)*

SAVILLE: ¡Señora marquesa... una desgracia... allí...!

CLAIRE-MARIE: *(Baja corriendo la escalera y mira hacia la playa.)* ¿Dónde? ¿Qué ha pasado? ¿Qué le ha pasado a François?

SAVILLE: *(Niega con la cabeza.)* Henri... Henri Marlette... ha caído al mar... con el cadáver... con Michette... Imposible salvarlo...

CLAIRE-MARIE: *(Se tapa la cara con las manos.)* ¡Qué horror!

SAVILLE: *(Mira asustado a su alrededor; después de un momento, en voz baja.)* Claire-Marie... Ahora estamos solos, quizá por última vez, en esta isla. Vine lleno de esperanza y esta noche partiremos de regreso y solo quedará el recuerdo de cosas terribles. ¡Dios mío, por qué nunca puedo lograr lo que quiero? Quiero algo elevado, no soy un pequeñoburgués filisteo... Señora, si me permitiese volver a leer en voz para usted en el barco...

CLAIRE-MARIE: *(Deja caer los brazos, visionaria, triunfante.)* Ahora lo verá: vacilante y destrozado vendrá por este camino; me mirará y se aferrará a mí. Así es, Saville; he conseguido una victoria sin mover un dedo. Aquel cuya voluntad sea lo bastante fuerte, también puede *forzar* los acontecimientos. ¿A quién cree usted que François, ahora que están muertos quienes llenaban su corazón, entregará su amor si no a mí? *(Se oye la voz de FRANÇOIS: «¡Claire-Marie! ¡Claire-Marie!».)* ¡Ya voy! *(Corre hacia FRANÇOIS, que regresa —con la cabeza inclinada, la mirada fija y salvaje y la nariz hinchada— con pasos que quieren correr pero que apenas son capaces de avanzar. Antes de llegar junto a CLAIRE-MARIE, cae de rodillas, vuelve a levantarse y le coge la mano.)*

FRANÇOIS: Quédate conmigo. Solo tú. ¡Vamos!

CLAIRE-MARIE: ¿A dónde?

FRANÇOIS: A la cama. Estoy enfermo. ¿No lo ves? *(Suben los escalones.)*

CLAIRE-MARIE: *(Completamente desconcertada.)* ¿Qué necesitas? ¿Qué te falta?

FRANÇOIS: ¡La *fe*! ¿Quieres quedarte a mi lado?

CLAIRE-MARIE: Sí, por supuesto.

FRANÇOIS: ¡A la cama! Tengo fiebre.


Telón

Este libro se publicó
el mes de mayo
del año 2025

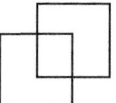